SPHINX

Dschelaluddin Rumi

Das Mathnawi

Ausgewählte Geschichten

معنوی
مثنوی

Aus dem Persischen von
Annemarie Schimmel

Mit Illustrationen von
Ingrid Schaar

SPHINX

Die Deutsche Bibliothek – CIP-Einheitsaufnahme

Ǧalāl-ad-Dīn Rūmī:
Das Mathnawi : ausgewählte Geschichten /
Dschelaluddin Rumi.
[Aus dem Pers. von Annemarie Schimmel]. –
Basel/Switzerland : Sphinx, 1994
Einheitssacht.: Matnawī-i ma'nawī <dt.>
ISBN 3-85914-196-1
NE: Schimmel, Annemarie [Übers.]

Mit einer Kalligraphie von Shams Anvari-alHoseyni
Umschlaggestaltung: Charles Huguenin
Satz: Sphinx, Basel
Herstellung: Clausen & Bosse, Leck
Printed in Germany
ISBN 3-85914-196-1

INHALTSVERZEICHNIS

EINFÜHRUNG

Das geistige Mathnawi *Maulana Rumis*
ist der Koran in persischer Zunge.

So schrieb der große persische mystische Dichter Maulana Dschami (gest. 1492 in Herat, Afghanistan) zweihundert Jahre nach dem Tode Maulana Dschelaluddin Rumis (1207–1273). Dieser Vers ist bis zum heutigen Tage von den Verehrern Rumis wiederholt worden; denn sein *Mathnawi*, die «Doppelverse», hat die Literatur und, mehr noch, das ganze Denken von Millionen von Muslimen in den östlichen Teilen der islamischen Welt beeinflußt, ist in allen Sprachen des mittleren Ostens kommentiert, in alle von ihnen mehr oder minder vollständig übersetzt worden.

Was macht dieses lange persische Lehrgedicht so bedeutend, und wie und wann wurde es gedichtet? Zunächst das Formale:

Ein *mathnawi* ist ein Gedicht in reimenden Doppelversen im Gegensatz zu den im allgemeinen in der arabischen, persischen, türkischen Poesie üblichen Formen mit einem einzigen, das ganze Gedicht durchziehenden Reim (*Ghasel, Qasida*). Das *mathnawi*, im Arabischen fast unbekannt, wurde in Iran entwickelt; sein erstes großes Beispiel ist das iranische Heldenepos, Firdausis *Schahnama*, verfaßt kurz nach dem Jahre 1000. Dann entstand das romantische Epos, dessen Hauptvertreter Nizami (gest. 1209) ist; seine *Khamsa* («Quintett» von fünf Epen) ist ungezählte Male nachgeahmt worden. Bald nach 1100 schuf Sana'i in

Ghazna (Afghanistan) das erste mystisch-didaktische Epos, *Hadiqat al-haqiqa*, «Der Garten der Wahrheit», es folgen die großen mystischen Epen Attars (gest. 1220), des meisterhaften Erzählers. Rumis *mathnawi*, das von Werken der beiden genannten Dichter beeinflußt war, faßt seine Lebenserfahrung und seine Gedanken über den Weg zu Gott zusammen und wurde bald so hoch geschätzt, daß es als «*Das Mathnawi*», schlechthin bezeichnet wurde. Der Verfasser, Dschelaluddin, Sohn des mystischen Theologen Baha-i Walad, war 1207 in der Provinz Balkh (jetzt Afghanistan) geboren. Mit seinen Eltern verließ er vor dem Mongolensturm (1220 beginnend) die Heimat zu einem nicht genau bekannten Zeitpunkt. Nach langen Wanderungen erreichte die Familie Anatolien und begab sich nach einem längeren Aufenthalt in Laranda-Karaman nach Konya, der Hauptstadt des rum-seldschukischen Reiches; nach dem Lande *Rum*, «Romäer-Gebiet», d.h. das frühere Reich von Byzanz, erhielt der Dichter seinen Beinamen, *Rumi*. Baha-i Walad starb 1231 in Konya; sein Sohn trat seine Nachfolge als Theologieprofessor an : Daher sein Ehrentitel *Maulana*, «unser Herr».

In die Mystik eingeführt von einem Schüler seines Vaters, wurde er zum ekstatischen Sänger der Gottesliebe durch die Begegnung mit dem Wanderderwisch Schams-i Tabriz, «Sonne von Täbriz» (1244), der 1248 nach einer ersten Trennung (1246) für immer verschwand, wohl ermordet.

Hatte schon die erste Trennung Maulana zu hinreißenden lyrischen Gedichten inspiriert, so wurde er nun noch produktiver, und seine Gedichte tragen den Namen des Seelenfreundes, mit dem er sich ganz identifiziert hatte. Dann fand er den «Spiegel», einen stillen Vertrauten, den Goldschmied Salahaddin, in dessen Freundschaft sein Herz Ruhe fand und mit dessen Tochter er seinen ältesten Sohn verheiratete. Der Kreis seiner Jünger aus allen gesellschaftlichen Schichten wuchs. Unter ihnen war Husamaddin Chelebi, der, wie erzählt wird, den Meister eines Tages bat, doch ein erbauliches episches Gedicht zum Nutzen seiner Schüler zu schreiben, deren Lektüre sonst in erster Linie die Werke Sana'is und Attars war. Es heißt, Maulana habe daraufhin die ersten achtzehn Verse des *Mathnawi* rezitiert – jene Verse, die von der Sehnsucht der Rohrflöte nach dem Röhricht sprechen und damit das Heimweh der von ihrem Ursprung getrennten Menschenseele symbolisieren – der Mensch ist wie ein Instrument, das nur klingt, wenn der göttliche Geliebte es berührt.

Der Beginn des *Mathnawi* dürfte im Jahre 1256 liegen, denn in einem aus diesem Jahr datierten Gedicht über die Belagerung Konyas durch die Mongolen wird Husamaddin mit Namen erwähnt, was seine Rolle im Leben des Meisters ahnen läßt. In der ersten Geschichte des *Mathnawi* (S. 26) tritt der junge Mann als Fragender auf: der Meister solle ihm die Geschichte seiner Liebe zu Schamsaddin erzählten. Doch Maulana weist ihn zurück mit den Worten:

> Des Freunds Geheimnis möge niemand lichten –
> Du horche auf den Inhalt der Geschichten:
> In Sagen, Märchen aus vergangnen Tagen
> läßt sich des Freunds Geheimnis besser sagen.

Und damit ist das Thema des *Mathnawi* gegeben – Hunderte von längeren und kürzeren Geschichten, Anekdoten, Sprichwörtern folgen einander, um das Geheimnis der Liebe anzudeuten, und in allen Geschichten ist Schams gewissermaßen verborgen – genau so, wie in jedem Wort, das die liebeskranke Sulaika spricht, der Name ihres geliebten Yusuf verborgen ist (die Geschichte von Joseph und Potiphars Weib ist ja aus der Bibel wie aus dem Koran, Sura 12, bekannt). Die Szene, in der Rumi das Sehnen Sulaikas schildert, steht ganz am Ende des Werkes und schlägt so den Bogen zu den im Anfang zitierten Versen.

Die Komposition des Werkes, das in sechs Bücher aufgeteilt ist und rund 25'000 Verse enthält, wurde 1258 unterbrochen: der Goldschmied Salahaddin starb nach langem Leiden, Husamaddin verlor seine Frau, und im großen Weltgeschehen zerstörten die Mongolen Bagdad und töteten den letzten Kalifen der abbasidischen Dynastie, die dort seit 750 geherrscht hatte. Das Diktat des *Mathnawi* wurde erst nach rund vier Jahren wieder aufgenommen. Inzwischen war Husamaddin gereift und wurde nun als der künftige Nachfolger Maulanas angesehen. Nun kamen die Weisheitsworte wieder, denn «es braucht lange, bis Blut zu Milch wird, wenn das Glück einem ein neues Kind beschert» (M II, Vers 2). Für zehn weitere Jahre floß die Inspiration, bald stärker, bald schwächer, bis die Arbeit kurz vor Maulanas Tode am 17. 12. 1273 zum Stillstand kam, ehe die letzte Geschichte fertig erzählt war.

Das *Mathnawi* zu verstehen ist ein schwieriges Unterfangen nicht nur für den modernen Abendländer; denn es scheint, daß allzu unterschiedliche Themen in ihm bearbeitet sind. Wahrscheinlich ist «bearbeitet» nicht der richtige Ausdruck für die Entstehung des Werkes; denn wie zuvor die nahezu 40'000 Verse lyrischer Poesie dank starker Inspiration, meist durch Musik und oft im Wirbeltanze, gesungen wurden, so fließen im *Mathnawi* die Worte in einem mit reiner Logik schwer zu fassenden Strom. Beim Erzählen löst ein Wort, ein Ausdruck oft Assoziationen aus, denen Maulana dann folgt, und manchmal verzweigen sich die Assoziationen so wie die unendliche Gabelblattranke der Arabeske, bis der Dichter sich plötzlich erinnert – oder durch einen Zwischenruf daran gemahnt wird –, daß er die angefangene Erzählung ja noch gar nicht beendet hat.

Die Fäden, aus denen dieser gewaltige bunte Teppich gewoben ist, sind von sehr ungleicher Qualität; sie bestehen aus den verschiedensten Materialien: Bekannte Erzählungen finden sich, Geschichten über die im Koran erwähnten Propheten, Legenden aus der Geschichte der Mystik, Tierfabeln, Redensarten, Anspielungen auf das tägliche Leben in Konya, nicht zu vergessen Volksschwänke, (einige davon so derb, daß der verdienstvolle Übersetzer des *Mathnawi* ins Englische, der unermüdliche R. A. Nicholson, sich genötigt sah, sie lateinisch wiederzugeben). Rumi freilich sagt mit einem von Sana'i entlehnten Vers: «Meine schmutzigen Witze sind in Wirklichkeit Belehrung». All dieses kommt scheinbar ohne Ordnung daher, doch aus jeder, selbst der profansten Erzählung wird dann der innere Sinn, die geistige Bedeutung herausgezogen und länger oder kürzer ausgemalt. Überall aber erkennt der geschulte Leser Anspielungen auf den Koran, Interpretationen des heiligen Buches, die oft überraschend sind

– doch die Seele muslimischer Mystiker war ja, wie man so schön gesagt hat, «koranisiert» – sie sahen und verstanden alles im Lichte des Korans. – Man kann die Geschichten natürlich genießen, ohne im einzelnen diese koranischen Anspielungen zu sehen oder auch die ungezählten Hinweise auf Worte des Propheten zu erkennen; aber für den muslimischen Leser der alten Zeit waren es gerade diese uns oft unerkennbaren Beziehungen zwischen dem Gedicht und dem göttlichen Wort, die das *Mathnawi* als Lebenshilfe so wichtig gemacht haben. Sagt doch Rumis Sohn und Biograph Sultan Walad: «Die Dichtung der Freunde Gottes ist ganz und gar Erklärung der Geheimnisse des Korans; denn sie sind sich selbst entworden und bestehen durch Gott.»

Und gerade das, was für den westlichen Leser schwer zu verstehen ist, nämlich der scheinbare Mangel an logischem Aufbau, erscheint dem orientalischen Hörer faszinierend: gar mancher Mystiker hat sich gerühmt, daß seine Inspirationen stückweise und ohne sichtbares Ordnungsprinzip über ihn gekommen seien, wie ja auch der Koran nicht in logischer – das heißt, «menschlich logischer» Ordung herabgesandt worden sei.

Rumi kannte die Stufen und Stationen des mystischen Pfades gut, doch nur selten spielt er in seinem Werke auf sie an. Der Mangel an theoretischen Erörterungen veranlaßte manche seiner Zuhörer in Konya, sich verächtlich über die «alten Geschichten» auszulassen – wiederum ein Vorwurf, den auch die ungläubigen Mekkaner gegen die im Koran erzählten Geschichten vorgebracht hatten (vgl. Sura 16:24).

Maulana wußte natürlich, daß die aufsteigenden Stufen

auf dem mystischen Pfade notwendig für die Erziehung der Seele waren, daß aber doch jeder Schritt, jede Trennung, jedes Ankommen ausschließlich von der Gnade Gottes abhängt. Das wundersame Wirken des nimmer ruhenden Schöpfers, dessen Tun oft so unerklärlich ist und doch für die Einsichtigen die hinter den gegensätzlichen Phänomenen verborgene absolute Einheit zeigt, – dieses Wirken wird dem Hörer ständig nahegebracht. Manche der im *Mathnawi* erzählten Geschichten sind noch weiter ausgeführt in Rumis Gesprächen, *Fihi ma fihi* (deutsch: *Von allem und vom Einen*), die wohl aus den frühen Jahren der Arbeit an dem großen Gedicht stammen; auch in späten lyrischen Versen finden sich Parallelen dazu.
Ein Thema, das das *Mathnawi* durchzieht und vor allem in Buch 3 und 4 mehr theoretisch behandelt wird, ist die ständige Aufwärtsentwicklung des Menschen, ja aller geschaffenen Dinge. Alles Geschaffene muß vergehen, um auf einer höheren Stufe aufzuerstehen. Doch hinter dem scheinbar mechanischen Entwicklungsablauf von Stein und Mensch und Engel, wie er in dem von Rückert nachgedichteten Zitat aus dem dritten Buch dargestellt ist (S. 103) liegt noch etwas anderes: die Geschichte von den Kichererbsen (S. 96) zeigt, daß liebendes Selbstopfer die Vorbedingung für ein höheres Leben ist – hier stimmen Rumi und Goethe überein; denn den Versen des persischen Mystikers und Goethes «Seliger Sehnsucht» liegt das gleiche Zitat der klassischen islamischen Mystik zugrunde: das Gleichnis des 922 zu Bagdad hingerichteten Mystikers Halladsch, der von Sehnsucht und Tod des die Flamme umschwebenden Falters gesungen hat. Der Weg zur

Vollendung ist der Weg des Leidens – die Erde wird aufgerissen vom Pfluge, das Saatkorn wird zerdrückt, die Ähren werden ausgedroschen und dann zermahlen, um Mehl zu werden, das Mehl verbacken, und das Brot von den Zähnen des Menschen zerkaut, um ihm beim Aufbau seiner körperlichen und letzthin auch geistig-seelischen Kräfte zu dienen. Und der Most, der nicht im Fasse geschäumt und gegoren hat, wird nie zum köstlichen Wein.
Leiden, aber in Liebe und Dankbarkeit aufgenommenes und damit in positive Kräfte verwandeltes Leiden, das ist der Weg, den Rumi zeigt. Aber so sehr er auch die überall und immer wirkende Macht Gottes in den Mittelpunkt seiner Gedanken stellt – der Glaube an eine starre Vorherbestimmung liegt ihm ganz fern.
Sich bei Übeltaten darauf zu berufen, daß ja alles vorherbestimmt sei, ist sündhaft; «diese Welt ist ein Acker fürs Jenseits», und die ewige Regel lautet, daß Gutes belohnt, Schlechtes bestraft wird, und daß der Mensch durch gutes Denken und Nächstenliebe sich in einen seelischen Rosengarten versetzen kann, während Schlechtigkeit und Grausamkeit ihn gewissermaßen mit einer Dornenhecke voller Schlangen umgeben.
Es ist kein Wunder, das Rumis *Mathnawi* in der von persischer Kultur beeinflußten östlichen islamischen Welt durch die Jahrhunderte einen Platz direkt nach dem Koran eingenommen hat. In der Türkei, wo Maulana (türkische Aussprache *Mevlana*) den größeren Teil seines Lebens verbrachte, wurde sein *Mathnawi* vielfach kommentiert und immer wieder ins Türkische übertragen. In Iran war das *Mathnawi* ebenfalls ein Kernstück mystischer Ausbildung; hochphilosophische

Kommentare wurden verfaßt, und für die persischen Derwischorden, seien es die Khaksar oder die Nimatullahis, ist die Lektüre des Werkes und die Rezitation ein fester Bestandteil ihres Lebens. Ebenso hat auch der Aga Khan, der Leiter der Ismailis, seinen Anhängern oftmals verordnet, das *Mathnawi* zu studieren.

Besonders stark ist der Einfluß des Werkes im indopakistanischen Subkontinent. Es scheint, daß ein Dichter aus der Gegend von Delhi, Bu Ali Qalandar (gest. 1324), nach Konya kam und dort Rumis Sohn traf; er könnte erste Abschriften des *Mathnawi* nach Indien gebracht haben, denn seine eigene mystische Dichtung ist tief von Rumis Werk beeinflußt. Abschriften des *Mathnawi* – sogar mit Miniaturmalerei geschmückt – stammen aus dem 15. Jahrhundert in Indien, und schon damals beklagte ein Hindu-Historiker, daß in Bengalen selbst die Brahmanen das *Mathnawi* rezitierten. Ob es die Moghulkaiser von Delhi waren oder volkstümliche Sänger, die ihre mystischen Verse in den Regionalsprachen des Landes (Sindhi, Pandschabi u. a.) sangen – sie alle liebten Rumis Werk, und der *mathnawi-khwan*, der das Werk melodisch vorträgt, spielte eine beachtliche Rolle in der indomuslimischen Gesellschaft. Die Zahl der im Subkontinent verfaßten Kommentare ist fast unübersehbar, und es dürfte schwierig sein, das Werk irgendeines Poeten in dieser Weltgegend zu lesen, ohne Anspielungen auf das *Mathnawi* zu finden. In unserem Jahrhundert war es der als «geistiger Vater Pakistans» bezeichnete Muhammad Iqbal (1877–1938), der seine persische Urdu-Dichtung unter dem Einfluß Rumis schrieb, der ihn auch in seinem visionären persischen Epos, dem *Javidnama* (1932) auf der Reise durch die Sphären begleitet. Iqbal war es auch, der Rumi nicht mehr durch die jahrhundertelang bei allen Kommentatoren benutzte Brille der spekulativen Mystik Ibn Arabis (gest. 1240) sah, sondern in ihm das Prinzip der dynamischen Liebe wiederentdeckte.

Zahlreiche Übertragungen (wie die Nahifis in der Türkei im 18. Jahrhundert oder das *Pirahan-i Yusufi* in Urdu 1943, ebenso wie die Sindhi Übersetzung von 1960) sind im gleichen Versmaß wie das Original geschrieben, und dieses einfache Metrum (– v – –/ – v – –/ – v –) ist von vielen Dichtern für ihre eigenen mystisch-didaktischen Epen verwendet worden, so daß sie mühelos Verse aus dem *Mathnawi* einschieben konnten.

Europäische Reisende des 18. Jahrhunderts hatten von der Zeremonie der «Tanzenden Derwische», der Mevlevis, im Osmanischen Reich berichtet, deren Reigen von Rumis Sohn Sultan Walad institutionalisiert worden war. Doch die erste Übersetzung des *Mathnawi* in eine europäische Sprache von dem französischen Diplomaten J. de Wallenbourg wurde ein Opfer der Feuersbrunst in Istanbul-Pera 1799. Dann übertrug der unermüdliche österreichische Orientalist Joseph von Hammer-Purgstall (1774–1856) Proben aus dem Werk in seiner «Geschichte der schönen Redekünste Persiens» (Wien 1818), und kurz darauf zitierte der junge protestantische Theologe G. F. D. Tholuck einige Geschichten des *Mathnawi* in seinem lateinischen Büchlein *Ssufismus sive philosophia Persarum pantheistica* (1821), nicht ohne herbe Kritik an den ihm selber so fernliegenden «abstrusen» Gedankengängen der Mystik. 1849 erschien eine Teilübersetzung in deutschen Versen durch Georg Rosen; sie liest sich angenehm, wurde aber von Hammer-Purgstall zwei Jahre später in seinem langen Beitrag in den Wiener Akademie-Abhandlungen scharf kritisiert. Diese Studie Hammer-Purgstalls, in der er einen Überblick des ersten Druckes des *Mathnawi*-Kommentars von Ismail Rüsuhi (Kairo 1835) bietet, zeigt trotz etlicher Fehler und Flüchtigkeiten ein ungewöhnliches Verständnis für die Struktur wie auch den zugrundeliegenden roten Faden in Maulanas Werk.

Dann setzt das Interesse britischer Orientalisten (Redhouse, Whinfield) am *Mathnawi* ein, das gekrönt wurde durch R. A. Nicholsons kritische Edition samt Übersetzung und Kommentar (1925–1940, acht Bände). Nicholson und sein Nachfolger A. J. Arberry haben durch Auswahlbände aus dem *Mathnawi* eine größere Anzahl von Geschichten der englischsprachigen Welt zugänglich gemacht, aus denen dann zahlreiche Zweithandübersetzungen popularisierender Art entstanden sind und noch weiter wuchern.

Im deutschen Sprachraum ist Georg Rosens erstem Versuch kein weiterer Ansatz gefolgt, so sehr sich die deutsche Orientalistik (insbesondere Hellmut Ritter, Fritz Meier, J. Christoph Bürgel) um eine Vertiefung des Rumi-Studiums und des Umfeldes seiner Mystik verdient gemacht haben. Gewisse Partien des Werkes, wie die Geschichten vom Beter (S. 109) oder vom Liebenden, der vergebens an die Pforte der Geliebten pocht (S. 159) sind vor allem in der religionsgeschichtlichen Literatur oft genannt worden. Doch je länger man sich mit dem gewaltigen Werk beschäftigt, desto mehr scheint es unübersetzbar, da sich immer neue Aspekte, neue Verbindungen ergeben. Eine rein wissenschaftliche, mit ungezählten Fußnoten versehene Übersetzung wäre zwar in einem Lebenswerk möglich, doch der poetische Reiz des Werkes ginge dann verloren, und das Gleichgewicht, das ein tief mit der islamischen Kultur und persischen Dichtersprache Vertrauter immer wieder bei der Lektüre genießt, wäre in einer Übersetzung nicht einzufangen.

Deshalb habe ich einzelne Geschichten aus dem großen Gewebe herausgetrennt, die mir für Maulanas Dichtkunst, seine Lehre von der Gottesliebe, aber ein wenig auch für seinen Sinn für Humor besonders typisch erschienen, ohne sie allzu sehr mit Anmerkungen und Erklärungen zu befrachten. Vielleicht lassen sie den Leser doch einen ganz leichten Duft vom Werke Maulanas spüren und ziehen die Hörer in seinen Bann.

Annemarie Schimmel
30. September 1993, Maulana Rumis Geburtstag

مثنوی معنوی

DES FREUNDS GEHEIMNIS MÖGE NIEMAND LICHTEN ...

Das Lied der Rohrflöte

Die ersten achtzehn Verse des Mathnawi sind als das *Lied der Rohrflöte* berühmt geworden; in ihnen ist das Hauptanliegen Maulanas ausgedrückt: die Rohrflöte ist das Symbol der menschlichen Seele, die, vom Odem des göttlichen Geliebten berührt, ihre Sehnsucht nach der ur-ewigen Heimat in Gott singt und damit alle Menschen, Mann und Frau, bewegt. Es ist literarisch interessant, daß Maulana sein großes Lehrwerk, um dessen Abfassung ihn sein Lieblingsschüler Husamuddin Chelebi gebeten hatte, nicht, wie es sonst üblich war, mit einem Lob Gottes und Preisgedicht auf den Propheten beginnt, sondern mit einem Loblied auf die Liebe, die die Seele zum Singen bringt und deren Lied niemals endet. Das Gedicht, dessen weitere Verse die Liebe noch deutlicher preisen, ist oftmals kommentiert worden und hat ungezählte Dichter im persisch-türkisch-indischen Raum beeinflußt.

Die Übersetzung hat Vers 1, 2, 7, 9, 13 der Übertragung des

Gedichtes von Hellmut Ritter, erschienen in der Festschrift für Georg Jacob, 1932, übernommen.

Hör auf der Flöte Rohr, wie es erzählt
und wie es klagt, vom Trennungsschmerz gequält!
«Seit man mich aus der Heimat Röhricht schnitt,
weint alle Welt bei meinen Tönen mit!
Ich such ein Herz, vom Trennungsleid zerschlagen,
um von der Trennung Leiden ihm zu sagen.
Sehnt doch nach dem In-Einheit-Lebens-Glück,
wer fern vom Ursprung, immer sich zurück!
Ich klagt' vor jeder Gruppe in der Welt,
ward Guten bald und Schlechten bald gesellt;
ein jeder dünkte sich mein Freund zu sein,
sucht' mein Geheimnis nicht im Herzen mein.
Und doch, so fern ist's meiner Klage nicht –
Dem Aug' und Ohre fehlet nur das Licht.
So sind auch Leib und Geist einander klar –
Doch welchem Auge stellt der Geist sich dar?»

Kein Hauch, nein Feuer sich dem Rohr entwindet –
Verderben dem, den diese Glut nicht zündet!
Der Liebe Glut ist's, die ins Rohr gefallen,
der Liebe Brausen läßt den Wein nur wallen.
Die Flöte – der Getrennten Freundin sie –
Zerreißt die Schleier doch die Melodie!
Wer sah als Gift, als Gegengift ihr Gleiches?
Wer sah als Tröster und als Freund ihr Gleiches?
Vom Pfad im Blute will das Rohr berichten,
von Madschnuns Lieb' erzählet es Geschichten.
Vertraut mit diesem Sinn ist nur der Tor,
der Zunge Kunde höret nur das Ohr!

In Leid sind unsre Tage hingeflogen,
und mit den Tagen Plagen mitgezogen;
Doch ziehn die Tage, laß sie ziehn in Ruh,
wenn du nur bleibst, der Reinen Reinster du!
Der Fisch nur wird vom Meere niemals satt,
lang wird der Tag dem, der kein Tagbrot hat.

Der Rohe kann den Reifen nicht verstehn –
so soll mein Wort denn kurz zu Ende gehn.

Wie ich die Liebe auch erklären will...

Die erste Geschichte im *Mathnawi* handelt von dem König, dessen geliebte Sklavin erkrankte; doch niemand konnte die Ursache ihres Leidens erfahren, bis der weise geistige Führer erkannte, daß das Mädchen einem verlorenen Geliebten nachtrauerte.

Der hier übersetzte Teil ist ein Schlüsselkapitel für das Verständnis des *Mathnawi*: von der Erwähnung der Sonne kommt Maulana auf seinen verschwundenen mystischen Geliebten Schamsuddin, die «Sonne des Glaubens», zu sprechen, der immer sein eigentlicher Inspirator blieb und mit dem er sich nach dessen Tode völlig identifiziert hatte. Als der junge Husamuddin ihn bittet, mehr über den verschwundenen Freund zu sagen, weigert sich Maulana, denn diese Geheimnisse können nicht ohne Hüllen vorgetragen werden – man braucht Märchen, Parabeln, Anekdoten, hinter denen man das Geheimnis verhüllen kann. Damit ist das Strukturprinzip des *Mathnawi* gegeben; die folgenden, in siebzehn Jahren entstandenen rund 25'000 Verse sind nichts als ein Versuch, das Mysterium der durch Schamsuddin erfahrenen Liebe unter immer neuen Bildern zu verstecken. Sein Name kommt im gesamten *Mathnawi* nicht mehr vor, aber der Monolog der Sulaika, der im letzten, sechsten, Buch des *Mathnawi* steht und auch den Abschluß dieser Anthologie bildet, deutet an, daß ja in jedem «Namen» der Name des ewig Geliebten verhüllt ist – so schließt sich der Kreis.

Der Dialog zwischen Maulana und seinem jungen Freund ist zum größeren Teil in Arabisch gehalten.

Als die Zusammenkunft zu Ende war,
führte der König ihn zum Frauenraum,
erzählte von der Krankheit, von der Kranken
und setzte ihn dann an das Bett der Kranken.
Er sah die Farbe, Puls und den Urin,
verstand die Zeichen und den Ursprung auch,
und sprach: «Die Mittel, die die Ärzte gaben –
nicht aufgebaut, nein, nur zerstört sie haben.
Sie konnten nicht den innern Zustand finden –
Ich flücht' zu Gott vor dem, was sie erfinden!»
Er sah den Schmerz, Verborgnes ward enthüllt,
doch hielt er's vor dem König ganz verhüllt.
Nicht litt sie unter schwarz- und gelber Galle –
Der Rauch enthüllt des Holzes Arten alle!
Das Jammern, sah er,
kam von Herzens-Schmerzen,
der Leib gesund, doch leidet sie am Herzen.

Verliebtsein wird bekannt
vom Schmerz der Herzen –
Ach, keine Krankheit gleicht
des Herzens Schmerzen!
Nicht so wie andre Leiden ist der Schmerz
der Liebeskrankheit für das Menschenherz.
Die vom Geheimnis Gottes Kunde gab –
die Liebe ist das beste Astrolab.
Der Liebe Zustand – sei's von hier, von dort –
führt uns zuletzt zu jener Seite fort!
Wie ich die Liebe auch erklären will –
Komm' ich zur Liebe, schweig' beschämt ich still.
Erleuchten mag Erklärung durch die Zungen,
doch leuchtender ist Liebe ohne Zungen!

Die Feder eilt' im Schreiben, kaum zu halten –
Sie kam zur Liebe und mußt' gleich zerspalten!
Verstand: ein Esel, der im Schlamm geblieben –
Erklärung gibt für Liebe nur das Lieben.

Nur Sonne von der Sonne Kunde gab –
suchst Hinweis du, wend' dich von ihr nicht ab!
Und mag der Schatten wohl auch Zeichen geben –
Die Sonne bringt ja stets das Licht zum Leben.
Der Schatten schläfert ein, wie Unterhaltung;
Erscheint die Sonne, sieh des Mondes Spaltung!
Die Sonne wandelt in der Welt gar seltsam – ;
Die Seelensonne bleibt – sie kennt kein Gestern.
Mag auch die äuß're Sonne einzig sein –
leicht bildest du dir ihresgleichen ein!
Die Seelensonne, außerhalb des Äthers –
sie kennt kein Ähnliches im Geist, im Draußen;
Unmöglich, daß Vorstellung sie umfasse,
daß Ähnliches man je erdenken könnte!
Ja, wenn vom Anlitz Schamsuddins man spricht,
verhüllt die Sonne schamvoll ihr Gesicht.
'S ist nötig, wenn sein Name hier erklingt,
daß man andeutend seine Huld besingt!

Die «Seele» zupft am Saum mich eben jetzt –
sie ist vom Duft von Yusufs Hemd ergetzt:
«Um unsrer Freundschaft für so manches Jahr –
leg das Erlebnis, wundervoll, doch dar,
daß lächeln froh der Himmel und die Erde,
daß hundertfach uns Herz und Augen werde!»
«Belast mich nicht, denn ich bin ganz entworden;
Mein Sinn betäubt, ich weiß nicht, wie zu loben!

Was man, nicht nüchtern, alles sagen mag,
es ziemt sich nicht, wenn man gezwungen ist.
Was sag ich – keine Ader ist mehr nüchtern –,
den Freund zu schildern, dem ja keiner gleicht!
Von dieser Trennung, dieser Herzblut-Qual
zu reden – laß es für ein andres Mal!»

Er sprach: «O speise mich, ich habe Hunger,
und eile, denn die Zeit: ein schneidend Schwert.
Der ‹Sufi ist ein Sohn des Nu›, Gefährte,
zu sagen «Morgen», widerspricht der Sitte.
Ob du vielleicht kein rechter Sufi bist?
Wenn man's verschiebt, wird der Besitz zu nichts!»

«Des Freunds Geheimnis möge niemand lichten –
du horche auf den Inhalt der Geschichten:
In Sagen, Märchen aus vergangnen Tagen
läßt sich des Freunds Geheimnis besser sagen!»

Er sagte: «Nackt und ohne Hüllen sprich,
und weise mich nicht noch einmal zurück!
O heb den Vorhang, sag' es nackt und licht –
ich schlaf im Hemd doch mit der Liebsten nicht!»

Ich sagte: «Wenn es nackt und deutlich wird,
wirst du nicht bleiben, noch dein Leib, dein Haupt.
Du magst wohl wünschen – wünsche doch mit Maß:
Denn Berge tragen: das kann doch kein Gras!
Die Sonne, die das Weltall uns erhellt –
naht sie ein wenig, brennt die ganze Welt.
Such Aufruhr nicht noch Blutvergießen mehr:
Sprich nun von Schams-i Tabrizi nie mehr!»

مثنوی معنوی

HÖR DIE GESCHICHTE VOM ERZÄHLER AN

Geschichten und Anekdoten

Der Mann, der sich tätowieren lassen wollte

Die Einwohner von Kazwin erscheinen manchmal als eine Art Schildbürger. – Der Sinn der Geschichte ist, daß man seine *nafs*, die niedere Triebseele, bekämpfen und die eigene Existenz aufgeben soll, bis man ganz zum Teil des göttlichen Geistes geworden ist.

Hör die Geschichte vom Erzähler an:
Wie in Kazwin die Leute sich benehmen!
Sie tätowieren sich in dunkelblau
mit einer Nadel Hand und Leib und Fuß.
Ein Mann, der aus Kazwin, ging hin zum Meister:
«Du tätowiere mich ganz elegant!»
Der fragte: «Welch Motiv willst du, o Herr?»
«Nun, einen Löwen wild im Angriffssprung.
Mein Aszendent ist Leo – zeichne einen!
Paß auf und mach ihn richtig dunkelblau!»
Er fragte: «Und wohin soll dieses Bild?»
Er sprach: «Aufs Schulterblatt soll das Idol!»

Als er begann, mit Nadeln ihn zu ritzen,
spürt' heftig er den Stich der Nadelspitzen.
Der Held schrie klagend: «Ei, was machst du da?
Du bringst mich um! Welch Bild ritzt du denn da?»
«Du hattest doch 'nen Löwen dir bestellt!»
Er sprach: «Bei welchem Glied hast du begonnen?»
«Ich hab' », sprach er, «beim Schwanze angefangen.»
Der rief: «So laß den Schwanz doch weg,
mein Bester!
Vom Schwanz des Löwen stockte mir der Atem;
Sein Schwanz hat mir den Atem ganz verschlagen:
Laß ohne Schwanz ihn, o du Löwenmaler,
der Nadel Stich läßt mir das Herz bald stehen!»

So fing der Mann an, anderswo zu ritzen,
erbarmungslos und ohne Rücksicht tat er's.
Der andre schrie: «Was für ein Glied ist das?»
Er sprach: «Mein lieber Mann, das ist das Ohr!»
Der sagte: «Wenn er nun kein Ohr besitzt –
laß doch das Ohr, das du da grade ritzt!»
So fing er noch an andrer Stelle an,
und wieder hub der Mann zu schreien an.
«Was ist denn dieses dritte, welches Glied?»
«Das ist des Löwen Bauch, mein edler Herr!»
Er sprach:
«Der Löwe braucht doch keinen Bauch,
Wozu ein Bauch für so ein Löwenbild?»

Der Künstler wurde schließlich ganz verwirrt
und biß verwundert auf den Finger sich.
Er warf die Nadel auf den Boden rasch
und sprach: «Wem ist denn sowas schon passiert?

Wer sah schon Löwen ohne Schwanz, Ohr, Bauch?
Selbst Gott hat so ein Tier noch nie erschaffen!
Gedulde dich, mein Bruder, bei dem Stich,
daß du besiegest deine Heiden-Seele!»

Vor solchen, die der Existenz entkamen,
beugt sich der Himmel, neigt sich Mond
und Sonne.
In wessen Leib der Feind «Triebseele» starb,
dem sind gehorsam Wolken so wie Sonne,
und lernt sein Herz die Kerze zu entzünden,
kann ihn die Sonnenglut nicht mehr
verwunden...
Der Dorn wird, wie die Rose, ganz zu Huld,
das Teilchen wendet sich zurück zum Ganzen.

Was ist es, Gottes Größe zu erkennen?
Sich selbst ganz schwach und niedrig nur
zu nennen.
Was ist es, wahre Einheit zu bekennen?
Sich selber vor dem Einen zu verbrennen.

Der Schakal, der sich als Pfau aufspielte

Die Geschichte vom Schakal, der sich in ein Farbfaß stürzt und dann behauptet, ein Pfau zu sein, gehört zum orientalischen Volksgut; Rumi verwendet sie, witzig erzählt, um die Rolle Pharaos anzudeuten, der von sich behauptete «Ich bin euer höchster Herr!» (Sura 79:24), bei dem aber alles nur falsche Pracht und Täuschung war.

Zum Färberfaß begab sich ein Schakal
und blieb im Faß ein Stündchen allzumal.
Als er herauskam, war sein Fell ganz bunt.
«Ich bin des Paradieses Pfau!» rief er.
Das bunte Fell erglänzte so recht schön,
als auf die Farben dann die Sonne schien.
Er sah sich rot und gelb und grün und blau,
und stellte den Schakalen sich zur Schau.
Sie sagten: «Was, Schakalchen, ist denn das?
Wer hat dich denn so farbenfroh gemacht?»
Und einer kam und fragte: «Sag nun an,
Betrügst du uns denn? Bist du herzensfroh?
Betrügst du uns, die Kanzel zu besteigen,
mit deinen Worten Menschen zu entzücken?
Du hast so sehr gestrebt – bist du erglüht?
Bist schamlos du, so daß du uns getäuscht?»

Die Glut ist für die Heil'gen und Propheten –
Schamlosigkeit kommt von Verlogenheit.
Sie tun so fromm, um Leute anzuziehen,
«Wir sind so nett!»
– doch innen sind sie scheußlich.

Hier wird die Geschichte eines Mannes eingeflochten, der sich jeden Morgen den Schnurrbart mit Fett bestrich, damit die Leute denken sollten, er äße stets fettes Fleisch.

Doch heimlich kam der farbige Schakal
und sprach ins Ohr dem Tadler ganz verstohlen:
«Nun sieh doch mich und meine Farbe an –
so ein Idol wie mich sah noch kein Mann!
Hab hundert Farben, wie ein Rosengarten,
wirf nieder dich vor mir, laß mich nicht warten!
Blick auf den Glanz, die Farbe und den Lüster.
Nenn ‹Stolz der Welt› mich,
nenn mich ‹Glaubens-Pfeiler›.
In mir glänzt Gottes Huldlicht leuchtend auf,
ward Kommentar des Gottesglanzes ich!
Schakale, nennt mich nun nicht mehr Schakal,
wann war so wunderschön je ein Schakal?»
Ihn zu umschwärmen kamen da die Rotten
Schakale, so, wie um die Kerzen Motten.
«Sag an, Juwel, wie nennen wir dich nun?»
Er sagte: « Pfau, gleich Jupitern, wird's tun.»

Da sagten sie zu ihm: «Der Seele Pfauen
erschimmern in des Rosenhages Auen.
Erscheinst du so?» Er sagte: «Nein, ich ging
nicht durch die Wüste, Mina zu erreichen.»
«Schreist du wie Pfauen?»
«Nein», sprach er, «o nein.»
«Dann bist kein Pfau du, und du gibst nur an.
Vom Himmel kommt das Ehrenkleid der Pfauen;
Wie könntest du auf Prätensionen bauen?»

Wie Pharao den Bart mit Gold sich schmückte,
aus Eselei sich über Jesus rückte,
so war auch der Schakal ins Faß gefallen
von Geld und Reichtum, und von hohem Rang...
Wer dieses Gold, den Rang sah, beugte sich,
und er genoß den Kotau der Betörten.
Der Bettler im zerrissnen Rock war trunken
vom Staunen und Bewunderung der Leute.

Gold ist wie eine Schlange voller Gift;
der Leute Unterwürfigkeit: ein Drache.
O Pharao, gib dir nicht falsche Ehre,
bist ein Schakal, so tu nicht so wie Pfauen:
Wenn du dich unter jenen Pfauen zeigst,
kannst du nicht leuchten und wirst ganz entehrt.
Aaron und Moses waren gleich den Pfauen,
sie schlugen dir den Flügelglanz aufs Antlitz,
sie zeigten deine Häßlichkeit und Schande,
Kopfüber fielst du da von deiner Höhe!
Am Prüfstein wardst du schwarz wie falsches Gold –
die Form des Löwen schwand – es blieb ein Hund.
Du Köter, ganz verdreckt von Wunsch und Gier,
leg nicht ein Löwenfell um dich allhier!
Dich testet das Gebrüll aus Löwen-Mund –
der Form nach bist du Leu – der Art nach «Hund».

Der eingebildete Philologe

Der persische Text beruht auf dem Wortspiele *nahw*, «Grammatik» und *mahw*, «Vernichtung, Entwerdung»: Es nützt nichts, noch so viel Wissen anzuhäufen; man soll sich ganz zu Gott wenden, in Ihm aufgehen.

Ein Meisterphilologe stieg ins Boot
und wandte sich gar stolz dem Schiffer zu:
«Studiertest du Grammatik?» Der sprach, «Nein!»
«Dann hast dein halbes Leben du verloren!»
Der Schiffer war betrübt und war gekränkt,
doch schwieg er still und gab ihm Antwort nicht.

Der Sturm trieb nun das Boot in Wirbel-Wogen.
Da fragte er den klugen Philologen:
«Sag, kannst du schwimmen?»
«Nein, mein guter Mann.»
Der Schiffer sprach. «Dein ganzes Leben dann
hast du verloren, o du Philolog',
da unser Boot sinkt in des Wirbels Sog!
Du brauchst Entwerden, nicht Philologie –
bist du entworden, fürchte nicht die Flut.
Das Wasser läßt den Toten oben treiben,
wie könnten Lebende dort aktiv bleiben?
Denn starbst du von der Menschen Eigenschaften,
wird der Mysterien Meer dich hoch erheben.
Der du die Menschen «Esel» grad genannt –
jetzt stehst du, wie auf Eis der Esel stand!
Soll man dich als den Allerklügsten sehen:
Die Zeit muß – denk' dran!
– und die Welt vergehen!»

Die Katze und das Fleisch

Die Frage, wie sich bei dem völlig vergeistigten Sufi Bayazid Bistami (gest. 874) Leib und Seele zueinander verhielten, wird in dieser oft erzählten Geschichte angedeutet – freilich haben die zahlreichen Schwänke, die um die Katze gesponnen werden, nichts mehr mit dem tieferen Sinn der Geschichte zu tun.

Es war ein Mann, der hatt' ein Weib zu Haus,
gar zänkisch, schmutzig, und ein wahrer Graus.
Was er auch brachte, sie hat es verzehrt,
Und er, bekümmert, hat sich kaum beschwert.
So brachte einst für einen Gast der Mann
Ein mühevoll erworbnes Fleischstück an.
Die Frau, sie aß geröstet es, mit Wein;
Der Mann erschien; sie redete hinein.
Er sprach: «Wo ist das Fleisch? Der Gast ist hier!
Dem Gaste müssen Gutes bieten wir!»
Da sprach die Frau: «Die Katze hat's gefressen!
Kauf doch noch andres Fleisch für unser Essen!»
Er rief: «O Diener, bring die Waage 'ran,
Daß ich die Katze einmal wiegen kann!»
Er wog sie, und sie wog drei Pfund genau –
Da sprach der Mann zur lügnerischen Frau:
«Das Fleisch war drei Pfund und ein halbes noch –
Die Katze, Dame, wiegt drei Pfunde doch!
Ist dies die Katz', wo ist das Fleisch denn dann?
Und ist's das Fleisch – wo ist die Katz', sag an?»

Die Ameisen auf dem Manuskript

Mit einer schon bei Ghazzali verwendeten Geschichte zeigt Maulana, daß die scheinbaren Ursachen, die wir wahrzunehmen glauben, im Grunde alle nur durch den Willen Gottes hervorgebracht sind: Gott ist der einzige Verursacher.

Es sah ein Ameislein
auf dem Papier die Feder
und sagte, was sie sah,
den andern Emsen auch:
«Welch wundervolle Bilder
hat dieses Rohr gemalt,
wie Liliengärten, Rosen,
wie Gärten voller Duft!»
Die andere Emse sagte:
«Der Finger tut das doch –
Die Feder ist nur Mittel
zum Zweck und folgt der Hand!»
Die dritte Emse sagte:
«Nein, das stammt nur vom Arm,
wodurch der dünne Finger
dann solches wirken kann!»
So ging das immer weiter,
bis schließlich höher noch
der Führer aller Emsen
etwas gescheiter war
und sprach: «Ihr seht die Kunst
von äußrer Form nur an,
die sich im Schlaf, im Tod
nicht mehr besinnen kann.

Die Form ist wie ein Kleid nur
und wie ein Stock zur Stütze,
doch ohne Geist und Seele
ist sie für kein Werk nütze.»
Er wußte nicht, daß diese –
das Herz und der Verstand –
bewegungslos verharren,
wenn Gott sie nicht bewegt.
und zöge Er nur einmal
hinweg der Gnade Hand –
Wie viele dumme Sachen
erfände der Verstand!

Der verkaufte Esel

Eine der amüsantesten Geschichten im *Mathnawi* berichtet von dem wandernden Sufi, der in einem Sufikloster Aufnahme findet; die Bewohner dieses Klosters, halbverhungert, verkaufen heimlich den Esel des Gastes und richten ein gewaltiges Fest aus, an dem der Gast begeistert teilnimmt, ohne den Grund für ihre Fröhlichkeit zu ahnen; am Ende begreift er, daß blinde Nachahmung ihn in eine schlimme Lage gebracht hat.

Ein Sufi kam vom Wege in ein Kloster,
nahm seinen Esel und zog ihn zum Stall,
gab selbst ihm etwas Wasser, etwas Futter
(nicht wie der Sufi, von dem wir erzählten).
Er hütete ihn wohl, besorgte ihn –
doch wenn das Schicksal kommt,
was nützt die Vorsicht?
Die Sufis hatten Mangel, waren arm:
«Und Armut ist schon fast Unglaube», heißt's.

Du Reicher, der du satt bist, lache nicht
des krummen Weges, den ein Armer geht!

Aus Elend dachte diese Sufi-Horde:
Den Esel zu verkaufen wär' das Beste.

Denn Not macht Aas selbst zur erlaubten Speise,
wie manches Übel ward, aus Not, zum Nutzen!

Sogleich verkauften sie das Eselein
für Kerzen, Zuckerwerk und Knabberein.

Da gab's Geschrei im Kloster: «Heute nacht
gibt's Süßes, Tanz, da wird Musik gemacht!
Wie viel noch Betteln und noch Bettlerkorb?
Wie lang noch Fasten und Geduld und Hunger?
Wir sind auch Menschen,haben auch ein Leben –
heut nacht ist uns das Glück als Gast gegeben.»...
Der Reisende war müd' vom langen Wege
und sah dann dieses Glück, das Fest, das rege.
Die Sufis sorgten liebevoll für ihn,
bedienten höflichst ihn, wie es ihm schien.
Er dachte, als er's sah: «Wie nett sind sie!
Vergnüg' ich heute mich nicht, dann wohl nie.»

Sie aßen kräftig, und der Tanz begann.
Das Kloster füllt' mit Rauch und Staub sich an.
Der Küchenrauch, der Staub vom Füße-Stampfen –
in Sehnsucht und Ekstase dieses Dampfen!
Jetzt stampften sie und breiteten die Hände,
jetzt warfen sie sich hin, den Boden fegend.

> Der Sufi findet selten nur ein Mahl,
> drum ißt der Sufi viel und gern einmal.
> Nur jener Sufi nicht, den Gottes Licht
> gesättigt hat, kennt Hungers Schande nicht.
> Doch wenig solche gibt es unter tausend –
> die anderen leben unter deren Schutz.

Als nun der Tanz sie alle sehr gepackt,
begann der Sänger mit gewaltigem Takt:
«Ha! Fort der Esel, fort der Esel, fort!»
Sie wurden alle wild von diesem Wort
und stampften bis zum Morgen, toll erhitzt
und klatschten ‹Fort der Esel, Esel fort!›

Und jener Sufi tat es ihnen nach
und sang auch «Fort der Esel, Esel fort!»

Als Tanz und Rausch und Glut zu Ende war,
da kam der Tag, und jeder sprach: «Lebt wohl!»
Das Kloster wurde leer, der Sufi blieb
und schüttelte den Staub von seinem Zeug;
aus seiner Zelle bracht' er sein Gepäck,
um es dem Esel aufzuladen schnell.
Er eilte, die Gefährten einzuholen;
er ging zum Stall, sein Eselchen zu holen.
«Der Diener führte ihn vielleicht zur Tränke,
denn gestern trank der nicht, wie's ihm gebührt,»
dacht er. Der Diener kam: «Wo ist der Esel?»
Der sprach: «Nun guck dir diesen Blödmann an!»
«Ich hatte dir den Esel übergeben;
ich hatt ihn dir zu treuer Hand gegeben.
Nun rede klar und bringe nicht Beweise –
was ich dir gab, das gib sofort zurück!
Ich will von dir das, was ich dir gegeben,
ja, gib mir das zurück, was ich dir gab!...
Sprach der Prophet: ‹Was deine Hand getragen,
mußt du im Jenseits bringen und es zeigen!›
Und bist du, störrisch, damit nicht zufrieden,
dann sehen wir uns bei dem Richter wieder!»
Der sprach: «Von Sufis war ich überwältigt;
sie griffen an, ich fürchtet' um mein Leben.
Wirfst unter Katzen du ein Stückchen Leber,
dann such mal, ob du etwas davon findest!
Ein Stückchen Brot vor hundert Hungrigen,
gerupfte Katze unter hundert Hunden!

Er sprach: «Ich nehme an, sie zwangen dich
gewaltsam, und sie wollten nur mein Blut;
denn warum kamst du nicht, um mir zu sagen,
‹Sie haben deinen Esel fortgetragen?›
Damit den Esel ich zurück mir kaufe,
da sie mein Geld sonst anderweit verteilen.
Als sie hier waren, gab es hundert Wege:
Doch jetzt ging jeder in ein andres Land.
Wen soll ich fassen? Wen zum Qadi bringen –
Das kam nur deinetwegen über mich!
Wie konntest du nicht kommen und mir sagen:
‹Solch Unglück, Armer, hat dich hier geschlagen.›?»
Der sprach: «Bei Gott! Ich bin paarmal gekommen,
um dir von dieser Sache zu berichten,
doch du hast auch gesagt: ‹Der Esel fort› –
noch fröhlicher als andre klang dein Wort.
So kehrt' ich um: Der weiß ja schon Bescheid!
Er ist's zufrieden, wahrer Weiser er!»
Er sagte: «Alle sangen das so fein –
das machte Spaß; so stimmte ich auch ein.
Daß ich sie nachgeahmt, hat mich vernichtet –
Verflucht sei, was mich so zugrundgerichtet!»

Der gefangene Falke

Das Thema des edlen Falken, eines typischen Seelenvogels, der bei dem alten Weib «Welt» gefangen ist, kommt oftmals in der mystischen Literatur vor, um das Verhältnis zwischen Geist, oder Seele, und der materiellen Welt zu bezeichnen, denn da die Welt das Wesen des Falken nicht versteht, leidet er und sehnt sich nach seinem gütigen Herrn.

Die Anspielung auf Salihs Kamel beruht auf Sura 17:59 u.a.: die ungläubigen Thamud hatten die Kamelin, die der Prophet Salih als Beglaubigungswunder aus einem Felsen hatte erscheinen lassen, getötet.

Wenn du einen weißen Falken
einem alten Weibe gibst,
schneidet sie ihm seine Klauen,
weil sie denkt, das tät' ihm gut.
Jene Klauen, die der Grund sind
für sein Werk und seine Jagd,
schneidet dieses blinde Weiblein
blindlings ab und fragt ihn dann:
«Sag mal, wo war deine Mutter,
daß so lang die Nägel wuchsen?»
So beschneidet sie die Klauen,
Schnabel und die Federn auch –
ach, die dreckige, die Alte,
meinte es ja wirklich gut!
Kochte sie ihm Nudelsuppe,
doch er aß ganz wenig nur,
und da wurde sie sehr zornig,
dachte nicht an Freundlichkeit:

«Hab' ich dir doch eine solche
    Speise liebevoll gekocht,
und du tust so stolz und mächtig
    und verschmähst das Essen nun!
Du verdientest wirklich Strafe,
    Plage und Heimsuchung hart –
denn man kann mit bestem Willen
    dir ja garnichts Gutes tun!»
Dann gibt sie ihm noch die Brühe:
    «Los, nun komm und trinke jetzt,
Wenn du schon die feinen Nudeln
    überhaupt nicht essen willst!»
Doch der Falk mag keine Brühe,
    denn er ist sie nicht gewohnt,
und das alte Weib wird wütend,
    und ihr Ärger wächst und wächst,
Schließlich gießt die kochend heiße
    Brühe sie ihm übern Kopf –
Ach, da fallen alle Federn
    ihm vom Haupt, er wird ganz kahl,
und aus seinen Augen tropfen
    Tränen ihm aus heißem Schmerz,
und er denkt jetzt an die Güte
    die sein König ihm erzeigt'... .
Doch dann sagt der Falke: «Wenn auch
    diese Alte mich versehrt,
hat sie doch mein Licht, mein Wissen,
    die Geduld mir nicht verzehrt.
Denn mein Falke, meine Seele,
    webt sich hundert Formen licht, –
denn der Schlag trifft die Kamelin,
    doch verwundet Salih nicht.»

Der Marktpolizist und der Trinker

Es scheint, daß schon im Mittelalter Verdächtige bei der Marktpolizei «pusten» mußten. Der Betrunkene aber ruft statt des geforderten «Ach» das Wort *Hu*, «Er»; das ist der ekstatische Ausruf der Derwische – was der Polizei-Inspektor natürlich nicht versteht.

Der Marktinspektor sah um Mitternacht,
wie einer schlafend an der Mauer lag.
Er rief: «He du – was hast du denn getrunken?»
Der sagte: «Das, was in der Flasche ist.»
«Dann sag mir mal, was war denn in der Flasche?»
«Was ich getrunken hab? 's ist mein Geheimnis!»
Der sprach: «Was hast du denn getrunken, sag?»
«Was in der Flasche da verborgen lag!»
So ging das hin und her, und der Inspektor
glich einem Esel, der im Schlamme steckt.
Dann sagte er: «Los, Mann, nun sag mal Ach!»
Doch der Betrunkne rief nur *Hu* und *Hu*.
«Sagt ich dir nicht: ‹Sag Ach!› und du sagst *Hu*?»
«Ja, weil ich froh bin, und betrübt bist du;
denn Ach sagt man bei Schmerz und Tyrannei,
der Trinker *Hu*, das ist der Freude Schrei!»
«Das weiß ich nicht», sprach der Inspektor: «Lauf,
und hör mit diesem Sufi-Unsinn auf!»
Der sagte: «Geh – woher bist du, wo ich?»
«Besoffner», rief der, «ab mit dir ins Loch!»
Der Trunkne sagte: «Laß mich gehn. Wer kann
ein Pfand denn nehmen von dem nackten Mann?
Denn hätte ich noch Kraft, hier aufzustehen,
ich würde gleich zu mir nach Hause gehen.»

Der blinde Koranleser

Ein Blinder kann durch Gottes Gnade den Koran lesen, denn Gott öffnet ihm die Augen, wenn immer er das heilige Buch lesen möchte; er hatte nämlich «Gutes von Gott gedacht», und nach einem außerkoranischen Gotteswort ist Gott so, wie Sein Diener sich Ihn vorstellt.
Dieses Geheimnis erfährt, wer sich in Geduld übt: die Geschichte von Luqman, dem auf Grund von Sura 31 zahlreiche Weisheitssprüche zugeschrieben werden, ist eingefügt, um die Wichtigkeit der Geduld zu zeigen.
– David ist in der islamischen Überlieferung nicht nur als Verfasser der Psalmen, sondern auch als Verfertiger von Kettenpanzern bekannt, da jeder Prophet ein Handwerk gelernt hatte.
Die Anspielung auf Sura 103 «Beim Nachmittag» bezieht sich auf die letzten Worte der kurzen Offenbarung, die lauten:
«Wahrlich, der Mensch ist sicherlich verloren,
außer denjenigen, die Gutes tun und einander ermahnen zur *Wahrheit* und zur *Geduld.*»

Im Hause eines blinden Alten war –
so sah's ein Scheich – ein Koran-Exemplar.
Im Juli kam der Scheich zu dem Asketen,
blieb ein paar Tage dann als Gast bei ihm.
«Wie seltsam, daß ich den Koran hier find' –
der gute Derwisch, er ist doch ganz blind!»
So dachte er, ward immer noch verwirrter,
denn niemand lebte da als nur der Derwisch.
«Da hängt das heil'ge Buch...er ist allein,
Ich will nicht frech sein, misch mich auch nicht ein,

so daß ich fragte...will geduldig schweigen
daß mich Geduld zu meinem Ziele leite.»
Er übt' Geduld und wartete ein wenig –
Geduld, das ist der Schlüssel ja zur Freude.

Als Luqman zu dem edlen David ging,
sah er: er macht' aus Eisen Ring um Ring
und legte einen in den andern nun
aus Stahl – er sah den König solches tun.
Luqman doch wußte nichts
vom Panzerschmieden
er staunte nur und sein Verwundern wuchs.
«Ob es sich ziemt, daß ich ihn danach frage;
Was macht er aus den Ringen Lag' um Lage?»
Dann sagte er sich: «Nein, Geduld ist besser,
Geduld geleitet rascher mich zum Wunschziel!
Denn fragt man nicht,
enthüllt sich's umso eher.
Der Vogel der Geduld fliegt ja am schnellsten.
Doch wenn man fragt,
wird man es späterfinden;
das Leichte wird durch Ungeduld ja schwerer!»
Da Luqman eine Weile sich kasteite,
ward Davids Werk auch alsobald vollendet.
Ein Kettenpanzer war's – den legt er an
und trat vor den geduldigen Luqman
Und sprach: «O junger Held
– ein Kleid, das nützt,
ist dies, das dich im Kampf
vor Wunden schützt!»
Luqman sprach: «Auch Geduld ist ja ein Panzer,
der dich vor Gram und Kummer immer schützt.

Geduld ist ja mit Wahrheit klar verbunden.
Lies nur das Ende vom «Beim Nachmittag»!
Gott hat wohl hunderttausend Alchemien,
doch Alchemie wie dies sah nie ein Mensch!»

Der Gast geduldete sich; und da ward
ihm plötzlich dies Problem ganz klar enthüllt.
Er hörte des Korans Laut mitternachts,
sprang auf vom Schlaf
und sah gar Wundersames:
Der Blinde las vom Buche ganz korrekt!
Da riß ihm die Geduld – er fragte ihn
und sprach: «O wundervoll – mit blinden Augen,
wie liest die Zeilen du? Was kannst du sehen?
Bist du aus Zufall auf das, was du liest,
gestoßen, legst die Hand auf diesen Text?
Man sieht es, wie den Finger du bewegst,
daß du den Blick auf jede Letter legst.»
Er sprach: «Du, fern der Unkenntnis des Leibes,
siehst du nicht wunderbar hier Gottes Werk?
Ich bat ja Gott: «O Du, zu dem wir flehen –
ach, sehnlich wünsch ich den Koran zu lesen!...
Auswendig kann ich nicht ihn – gib mir Licht
in meine Augen, wenn ich lesen möchte!»
Von Gott kam Antwort: ‹O du Trefflicher,
der auf mich hofft in jedem Schmerz und Gram.
Du denkest gut von Mir, du hoffst auf Mich:
das bringt im Augenblick noch höher dich!
Wenn immer du zu rezitieren wünschst,
vom Manuskripte du zu lesen wünschst,
dann gebe Ich dir gleich dein Augenlicht,
damit du lesen kannst, o du Juwel.›

Und so geschah's und jedesmal, wenn ich
die heil'ge Schrift aufschlage, um zu lesen,
dann gibt der Weise, der ja nichts vergißt,
der gnäd'ge Fürst und Schöpfer, der Er ist,
der einzigart'ge König gibt mir Sicht
wie eine Lampe in der Nacht, voll Licht.
Deshalb kann man dem Herrn nicht widersprechen:
nimmt etwas Er, so gibt Er auch Ersatz.
Verbrennt Er deinen Garten, gibt Er Trauben;
inmitten Klagesangs gibt Er dir Feiern,
dem ohne Hand, Gelähmten, gibt Er Hände,
dem Kummervollen ein berauschtes Herz.
Wir wollen nichts, und Widerspruch verließ uns,
denn der Ersatz ist mehr als das Verlorne.
Da ohne Feuer Wärme ich genieße,
ist es mir lieb, daß Er mein Feuer löscht.
Da ohne Lampe Helligkeit Er schenkt –
verlierst die Lampe du – sei nicht gekränkt!»

Der Gerber im Parfüm-Bazar

Die Welt wird mit einem Badeofen verglichen, der von niedrigen Dienern geheizt wird, damit die Auserwählten das warme Wasser zur Reinigung genießen können. Die Heizer sind die Weltmenschen, deren Geld und Gut im Grunde nur Mist ist, mit dem man den Ofen heizt; d.h. es ist in gewisser Weise, aber nicht absolut, nützlich. Wenn man nicht weiß, zu welcher Kategorie von Menschen jemand gehört, soll man mit ihm sprechen; wenn er nicht reden will oder kann, soll man seinen Geruch prüfen, denn durch den Geruch verrät sich der Mensch.

Das wird exemplifiziert mit der Geschichte vom Gerber (in Rumis Vorbild, dem *Ilahinama* Attars, ist es ein Latrinenreiniger), der vom Duft des Parfümmarktes ohnmächtig wird, da er nur an Gestank gewohnt ist – gleichermaßen, so erklärt der Dichter, haben die Ungläubigen nur Ekel gegen die Offenbarung empfunden, deren Duft ihnen nicht genehm war, ja, sie krank machte.

Die Gier nach Weltgut gleicht dem Bade-Ofen,
durch den das Bad, die Frömmigkeit, erwärmt wird.
Des Frommen Anteil ist die Reinheit dann,
weil er im Bad ist und sich waschen kann.
Die Reichen sind wie die, so Brenn-Dung bringen,
damit den Bade-Ofen anzuheizen;
denn Gott hat ihnen Gier ins Herz gelegt,
damit das Bad schön warm wird und gepflegt.

Du laß den Ofen und geh rasch zum Bad!
Ihn zu verlassen, ist zum Bad der Pfad.

Wer nah dem Ofen ist, der ist ein Knecht
für den Geduldigen, klug und gerecht.
Denn wer ins Bad ging, dessen Zeichen licht
wird klar vom Glanz auf seinem Angesicht.
Die Heizer haben gleichfalls ihre Zeichen
in Staub und Rauch, in Kleidung und dergleichen.
Siehst du die nicht, such den Geruch zu finden –
Geruch ist ja ein Stock für jeden Blinden.
Und hat er keinen Duft, so laß ihn reden,
such sein Geheimnis aus der Worte Fäden!
Dann sagt er: «Bin ich nicht ein reicher Mann?
Denn zwanzig Kiepen schleppte ich schon an!»
Wie Feuer ist die Gier in dieser Welt
und jede Zunge öffnet hundert Münder.
Dem Klugen scheint das Gold
so schlecht wie Mist,
ob auch durch Mist das Feuer leuchtend ist.
Die Sonne, stärker noch als jedes Feuer,
macht frischen Dung auch passend für das Feuer.
Die Sonne macht' zu Gold auch diesen Stein,
im Ofen «Gier» erglühen hundert Funken.
Wer sagt: «Ich habe so viel Geld gesammelt!»
das heißt: «Ich habe so viel Mist getragen.»
Doch ist dies Wort auch wirklich eine Schande –
für Ofenheizer ist es Ruhm und Ehre.
«Sechs Kiepen sammeltest du bis zur Nacht, –
ich aber habe zwanzig angebracht».
Wer nah dem Ofen wirkt, weiß nicht, was rein,
und Moschusduft verursacht ihm nur Pein.

Ohnmächtig fiel ein Mann hin ohne Leben,
als den Parfüm-Markt er betreten eben.

Der Duft, der dieses Marktes Straßen würzte,
schlug auf den Kopf ihn, daß er plötzlich stürzte.
Bewußtlos fiel er hin wie eine Leiche,
und lag den halben Tag in einer Gasse.
Die Leute eilten hin, um ihm zu helfen –
«Nur Gott hat Kraft», so riefen sie in Sorgen.
Der eine rieb das Herz ihm mit den Händen,
und Rosenwasser goß auf ihn ein andrer;
er wußte nicht, daß Grund für seine Ohnmacht
war, daß er an dem Rosenwasser roch.
Der rieb die Hände ihm und auch den Kopf,
der brachte Stroh und Gips als frisches Pflaster,
und Weihrauch mischt' mit Zucker
noch ein andrer
und wieder einer lockert' ihm die Kleider;
der fühlte ihm den Puls, ob der wohl schlug,
und einer prüfte seinen Mundgeruch,
ob Wein er trank, ob Haschisch oder Hanf –
warum er wohl bewußtlos sei, wer weiß?
«Da liegt ein Mensch ganz elend so darnieder!»
Man wußte nicht: War es ein Schlaganfall?
Weshalb war die Geschichte nur passiert?

Der Mann, ein Gerber, hatte einen Bruder,
'nen kräft'gen, schlauen Kerl; der kam nun eilend;
ein bißchen Hundekot an seinem Ärmel
kam klagend er, sich durch die Menge drängend,
und sprach: «Ich weiß es wohl, was dem hier fehlt.»

Weißt du den Grund, so ist es leicht zu heilen,
doch kennt den Grund man nicht,
dann ist es schwer;

denn hundert Wege gibt's, ihn zu kurieren –
doch weißt den Grund du, ist es kein Problem.

Galen, so fährt Rumi fort, wußte, daß Gleiches mit Gleichem geheilt wird, und da der Ohnmächtige an Gestank gewöhnt ist, muß man ihn auch mit entsprechendem üblen Geruch behandeln.

Mistkäfer er ward von dem Mistgestank –
solch einen Käfer macht Parfüm nur kränker!
So ist der Hundekot ihm Medizin,
weil er ihn kennt und ist gewöhnt an ihn!

Ebenso konnten die Ungläubigen die Wahrheit der göttlichen Offenbarung nicht fassen, als der Koran ihnen gezeigt wurde; denn der Duft der Wahrheit machte sie krank.
Es wird dann ausführlich beschrieben, wie der Bruder dem Gerber heimlich Hundekot unter die Nase reibt und dieser dann zu sich kommt, und wie die Leute dies für ein Wunder hielten.

Die Reisenden, die das Elefantenjunge aßen

Eine im Orient wohlbekannte Geschichte, die selbst in die Heiligenlegende eingedrungen ist, von Reisenden in Indien oder Sri Lanka, die trotz aller Warnungen ein Elefantenjunges töteten und aufaßen und dafür von der Elefantenmutter getötet wurden.
Daß die Mutter aus dem Geruch, der aus ihren Mündern kam, ihre Sünde erkannte, führt Rumi wiederum auf eines seiner Lieblingsthemen, den «Duft» von Taten und Worten – selbst wenn man nicht spricht, oder auch wenn man lügt, wird der «Duft» doch verraten, wo die Wahrheit liegt. So trägt auch das Gebet einen besonderen Duft, den Gott erkennt, selbst wenn die Worte nicht damit übereinstimmen.

Die Anspielung auf Mustafa (das ist Muhammad), der Gottes Duft aus dem Jemen kommen spürte, bezieht sich auf Uwais al-Qarani, den jemenitischen Frommen, aus dessen Gegenwart der Prophet den «Odem des Erbarmers» spürte.

Ein Weiser sprach: «Hört doch auf meinen Rat,
daß Leib und Seele euch nicht Schaden leiden.
Begnügt mit Gras euch und mit Blättern nur
und jagt nicht nach den Elefantenjungen!
So hab ich meinen guten Rat verteilt –
was will der gute Rat als Glück und Frieden?
Ich kam, um diese Botschaft zu verkünden,
um euch zu retten von der Reu' für Sünden.
So hütet euch, nach Braten zu begehren,
sonst könnte Gier von Grund auf euch verzehren!»

Er sprach's und sagte Lebewohl und ging –
ihr Hunger wuchs und wuchs auf ihrem Wege.
Da sah'n sie plötzlich, daß am Wegesrand
ein fettes Elefantenbaby stand.
Sie stürzten sich wie tolle Wölfe drauf
und aßen es mit Haut und Haaren auf.
Nur einer aß es nicht, riet ihnen ab,
er dachte an des Derwischs guten Rat,
der ihn dran hinderte, das Fleisch zu essen –
ein junges Glück bracht' ihm so sein Verstand.
Die andern sanken hin und schliefen ein;
der Hungrige war wie der Hirt der Herde,
sah einen Elefanten, rasend, kommen,
der sich zuerst zu diesem Wächter wandte,
und dreimal roch er nun an dessen Mund,
doch kein Geruch erschien ihm ungesund;
Umkreiste ihn ein paarmal und ging weit –
der wilde Elefant tat ihm kein Leid.
Dann roch er an dem Mund der Schlafenden
und ein Geruch kam von den Männern her,
der Bratenduft vom Elefantenkind –
Die Mutter, tobend, griff sie an geschwind.
Sofort begann sie ohne jedes Zögern
sie zu zerreißen einen nach dem andern;
sie warf sie alle einzeln in die Luft,
und ganz zerbrochen fielen sie zu Boden.
Der du das Blut der Menschen trinkst, gib acht –
daß nicht ihr Blut mit Rache auf dich kommt.
Ihr Eigentum ist, wisse, wie ihr Blut,
denn es kommt nur durch Kraft in ihre Hand.
Die Mutter jener Elefantenkinder
wird zornig, und sie bringt die Mörder um.

Du, der das Elefantenjunge aß –
dich tötet bald des Elefanten Haß!
Denn der Geruch verrät den Ränkeschmied.
Der Elefant kennt seines Kindes Duft.

Er, der den Gottesduft aus Jemen spürte –
sollt' meinen Falschheits-Ruch er nicht erkennen?
Da Mustafa dies aus der Ferne roch –
wie sollte er nicht unsern Duft verspüren?
Er merkt es wohl, doch er verbirgt's vor uns –
Zum Himmel steigt der Duft wie der Gestank.
Du schläfst, doch schlägt der Ruch verbot'ner Dinge
ja ständig an den leuchtend blauen Himmel;
Er steigt hinauf mit schlechten Atemzügen,
bis er im Himmel die trifft, die ihn riechen.

Der Ruch von Stolz, von Selbstsucht und von Gier
durchzieht dein Wort wie faule Zwiebeln hier!
Und wenn du schwörst:
«Wann hätt' ich die gegessen?
Ich hab von Knoblauch, Zwiebeln mich enthalten!»
So wird dein Eid sogleich dir zum Verräter,
denn der Geruch steigt in der Nachbarn Nasen!
Wie manch Gebet wird nicht erhört – sein Ruch
verrät des Herzens Falsch beim Mundes Spruch.
«Hebt euch hinweg!» heißt es für solch Gebet,
weil auf Betrug ja Prügelstrafe steht.
Doch ist dein Wort schief, deine Absicht grade:
Dein falsches Wort, es wird erhört in Gnade!

مثنوی معنوی

AUF DEM WEG SAH MOSES EINEN HIRTEN

Geschichten über die Propheten

Moses und der Hirte

Moses, der strenge Prophet, der einen Hirten beschimpft, der Gott mit liebevoll törichten Worten anredet, wird von Gott getadelt: die Aufgabe der Propheten ist nicht, die Menschen zu trennen, sondern sie in Gottesliebe zusammenzubringen. Gott versteht das Stammeln des Menschen und zieht es gelehrter Rede vor.

Die Anspielung auf den, von dem Gott sagt: «Ich war krank und du hast Mich nicht besucht» bezieht sich auf den völlig mit Gott vereinten Heiligen.

Auf dem Weg sah Moses einen Hirten,
der sprach: «Du, der wählt wen Er auch will!
Wo bist Du, daß ich Dein Diener werde,
Deinen Rock Dir flick, Dein Haar Dir kämme,
wasch Dein Kleid und töte Dir die Läuse,
Milch Dir bringe, o Du Hocherhabner?
Küß Dein Händchen und massier' Dein Füßchen
und zur Schlafenszeit feg ich Dein Plätzlein?

O Du, dem ich alle Zicklein opfre!»
Solchen Unsinn redete der Hirte –
Moses fragt': «Mit wem sprichst Du denn da?»
«Nun, mit dem, der uns erschaffen hat,
von dem Himmel ward und Erde sichtbar!»
Moses rief: «Du bist auf falschem Wege,
noch nicht Muslim, bist ein Heide du!
Was für Unsinn, was für Heidenquatsch!
Stopf dir besser Watte in den Mund!
Deiner Ketzerei Gestank verdirbt die Welt!
Sie zerschleißt des Glaubens feine Seide!
Du verdienst Schuhprügel, Bastonnade –
wie kannst du die Sonne denn so schmähen?
Wenn du nicht gleich solch Gerede stoppst,
kommt ein Brand, die Menschen zu vernichten.
Käm' kein Feuer – woher kommt der Rauch denn?
Schwarz die Seele, und das Herz verstoßen!
Wenn du weißt, daß Gott der Richter ist,
wie verläßt du dich auf solch Geschwätz?
Feindschaft ist des Dummen Freundschaft ja –
Gott braucht solche Diener nicht, du Dummkopf!
Redest du mit deinem Onkel denn?
Braucht der Mächt'ge etwas für den Leib?
Milch trinkt jemand, der noch wachsen muß;
Schuhe trägt, wer Bein und Füße braucht.
Redest du von einem Menschen, den
Gott pries: ‹Er ist Ich und Ich bin er›,
als Er sagte: ‹Ich war krank, doch du
hast mich nicht besucht›. – ein solcher Mensch,
der da ward: ‹Durch Mich hört er und sieht› –
auch für den trifft ja dein Wort nicht zu.
Wer mit Gottes Freunden unverschämt

spricht, dess Buch der Taten wird ganz schwarz.
Nennest einen Mann du Fatima,
(Wenn auch Mann und Frau von gleicher Art)
tötet' er dich wohl, wenn er es könnte,
wenn er sonst auch sanft und freundlich ist.
Fatima ist Ehre für die Frau,
doch ein Schlag ist's für die Männer wohl.
Hand und Fuß sind lobenswert bei uns,
doch Befleckung für den reinen Gott.
«Nicht gezeugt und zeugend nicht» – das ziemt
Ihm, der Zeuger und Gezeugte schuf.
Was entsteht, vergeht – geschaffen ist's
und bedarf des Ew'gen, der es schafft.»

Sprach der Hirt: « Hast mir den Mund gestopft
und mein Herz mit Reue ganz verbrannt.»
Und er stöhnte laut, zerriß sein Kleid,
floh und wandte sich zu Wüsten weit.

Doch zu Moses kam die Offenbarung:
«Meinen Diener trenntest du von Mir.
Kamst du, um die Menschen zu verbinden?
Oder kamest du, um sie zu trennen?
Strebe möglichst nicht zu einer Trennung!
‹Am verhaßtesten ist Scheidung Mir›.
Jedem hab Ich einen Weg gegeben.
Lob ist es für ihn, für dich ist's Tadel!
Honig ist's für ihn – dir gift'ge Nadel!
Frei sind Wir von Unrein und von Rein
und von Langsamkeit und Schnelligkeit.
Nicht befahl Ich, daß ich Nutzen hätte –
Nein, daß Ich den Menschen Gutes täte!

Inder lieben doch den Hindi-Ausdruck,
Sindis lieben doch den Sindi-Ausdruck.
Nicht Ich werde rein, wenn sie Mich preisen,
doch sie werden rein und streuen Perlen.
Wir schaun nicht auf Zunge oder Rede;
Wir schaun auf das Innere, den Zustand.
Blicken auf das Herz, ob's demutsvoll,
ob das Wort auch frech sei, fehlervoll.
Denn das Herz, das ist ja die Essenz,
und die Erde ist nur Akzidenz.
All dies Reden, Metaphern, Benennen –
Ich will nur das Glühen, Herzensbrennen!
Zünd' der Liebe Feuer in der Seele
und verbrenn Gedanken, Wort voll Fehle!»

Eines sind, die feinen Anstand kennen,
Anders sind, die ganz ihr Herz verbrennen.
Liebende, die müssen ständig brennen,
das zerstörte Dorf wird nicht besteuert.
Sprach er Falsches, nenn ihn doch nicht irrend –
Märtyrer voll Blut darfst du nicht waschen,
denn ihr Blut ist besser ja als Wasser,
solch ein Fehler besser als das Richt'ge.
In der Kaaba gibt es keine Richtung –
Hat der Taucher keine Schuh – was tut es?
Suche Führerschaft nicht von Berauschten –
wer sein Kleid zerriß, wird es nicht flicken.

Der Liebe Reich ist anders
als alle Religionen.
Den Liebenden ist Gott
ihr Reich und Religion.

Moses bereut seine Härte und sucht den Hirten, dieser aber hat inzwischen einen weit höheren geistigen Rang erreicht.

Der Mann, der vor dem Todesengel floh

Niemand kann seinem Schicksal entgehen, und der Versuch, dem Tode zu entkommen, mag gerade ins Verderben führen.
Salomo erscheint im Koran und der Legende als der Meister über Naturelemente, Geister und Dämonen.

Am Morgen war es, daß ein Mann voll Gram
zur Halle Salomos gelaufen kam,
bleich sein Gesicht vor Furcht, die Lippen blau.
«Was hast du, Meister?» fragte Salomo.
Er sprach: « Der Todesengel Azrael
warf einen Blick voll Haß und Zorn auf mich!»
Er sagte: «Nun, so wünsche, was du willst!»
Der bat: «Befiehl dem Wind, o Seelenhort,
daß er von hier nach Indien mich bringe –
vielleicht entgeh ich dort des Todes Schlinge!»

So fliehn die Menschen vor der Armut auch
sie sind voll Gier und füllen sich den Bauch.
Die Angst vor Armut – sieh dies Gleichnis hier! –
versteht als «Indien» solch eine Gier!

Dem Wind gab er Befehl, ihn rasch zu tragen
ins tiefste Indien über Land und Meer.

Am nächsten Tag, zur Zeit der Audienz
befragte Salomo dann Azrael:
«Was blicktest du den Muslim an voll Zorn,
daß er so ganz verstört und flüchtig ward?»
Er sprach: «Nicht zornig blickte diesen Mann ich an –
ich war verwundert, ihn allhier zu sehn,

denn grade hatte Gott mir ja befohlen,
ihn allsogleich in Indien zu holen.
Erstaunt dacht ich:
Hätt er auch hundert Schwingen –
wie sollten sie ihn gleich nach Indien bringen?»

Salomo und die Königin von Saba

Die Geschichte von Salomon, dem König-Propheten, und der Königin von Saba, Bilqis genannt, beruht auf Sura 27. Rumi schildert, wie die überaus reiche Königin Salomo als Antwort für den vom Wiedehopf überbrachten Brief Salomos Gold aus ihren Schätzen sendet, und wie der König, dies verachtend, die Boten zum reinen Eingott-Glauben ruft.
Auch Bilqis bekehrt sich, und vor der Macht der göttlichen Liebe erscheinen ihr alle ihre Schätze wertlos. Nur ihren Thron möchte sie haben, und Salomos weiser Minister Asaf bringt ihn ihr durch göttliche Hilfe herbei. Salomo tadelt die Fürstin, die sich noch an solchen Dingen erfreut, und nachdem sie und ihr Heer sich bekehrt haben, beginnt er den Felsendom in Jerusalem zu bauen.

Bilqis' Geschenk war vierzig Maultierlasten;
die ganze Ladung waren goldne Ziegel.
Als Salomos Gelände man erreichte,
sah man: der Grund war nichts als reines Gold.
Die Leute sagten: «Laßt zurück zum Schatzhaus
das Gold uns tragen – sinnlos unser Werk!»

Der du als dein Geschenk
«Verstand» zu Gott bringst:
Verstand ist vor Ihm niedrer noch als Staub!

Als sie den Unwert ihrer Gabe sahen,
zog sie die Scham zurück zu Bilqis's Hofe,
doch sagten sie: «Sei's wertlos, sei es kostbar –
wir sind nur Sklaven, wir gehorchen nur.

Ob Gold wir bringen oder Staub und Erde –
wir müssen dem Befehl gehorsam sein.
Wird euch geheißen, es zurückzubringen,
so bringt es wiederum zu ihr zurück.»
Als Salomo das Gold erblickte, lacht' er:
«Wann hätt' ich Dörrfleisch
denn von euch gefordert?
Ich sage nicht, ihr solltet Gaben bringen –
nein, würdig solltet ihr sein meiner Gabe!
Denn selt'ne Gaben hab ich aus dem Jenseits,
die Menschensinnen gar nicht fordern darf.
Ihr betet jenen Stern an, der das Gold formt –
wendet zu Ihm euch, der den Stern geformt!
Ihr betet an die Sonne dort im Himmel –
und habt verachtet jenen hohen Geist.
Die Sonne ist, wie Gott befahl, mein Koch nur –
wie töricht wär es, wenn ich «Gott» sie nennte!
Verfinstert sich die Sonne – sag, was tust du?
Wie kannst du dich vor dieser Schwärze retten?
Nein, du, bekümmert, kommst zu Gottes Hof doch:
‹O nimm das Dunkel fort und gib uns Licht!›
Und würden sie um Mitternacht dich töten –
wo ist die Sonne, daß du Hilfe fändest?
Denn Böses, sieh,
geschieht zumeist zur Nachtzeit –
dann ist, was du verehrst, ja ganz verschwunden.
Doch wenn du ehrlich dich vor Gott nur neigest,
läßt du die Sterne, wirst vertraut mit Ihm.
Bist du vertraut, so will ich mit dir sprechen,
daß du erblickst die Sonn' zur Mitternacht.
Ihr Aufgangsort ist nur das Herz, das reine,
nicht Tag gibt es und Nacht, wenn sie erscheine.

Tag ist es, wenn dir diese Sonne aufgeht,
Nacht ist nicht mehr, wenn sie dir leuchtend strahlt.
So wie ein Stäubchen vor dem Licht der Sonne,
so ist die Sonne vor dem klarsten Licht.
Die Sonne, die so leuchtend dir erscheint
und dir das Auge blendet und verwirrt –
siehst du als Staubkorn vor dem Licht des Thrones,
dem flutend-grenzenlosen Licht des Thrones
und siehst sie elend und armselig schwinden,
wenn dir der Schöpfer deinen Blick gestärkt.
O ihr betörten Boten, kehret um nun.
Das Gold ist euer – bringt mir nur das Herz.»

«Gesandte ihr, ich schicke euch als Boten,
denn besser ist's, daß ich zurück dies weise.
Erzählt Bilqis, welch Wunder ihr gesehen,
berichtet ihr von meiner goldnen Wüste,
damit sie weiß, daß ich kein Gold begehre –
da ich mein Gold vom Geber ja erhalte,
der, wenn Er wollte, diese ganze Erde
in Gold und Perlen gleich verwandeln könnte.
Ich brauch' kein Gold, ich kenne viele Künste,
kann Staubgeschaff'nes ganz zu Gold verwandeln –
wie sollte ich wohl Gold von euch erbetteln?
Ich mache euch zu großen Alchemisten!
Gebt alles auf, und sei's das Reich von Saba,
denn viele andrer Reiche gibt es jenseits!»

Und so zog Salomo im geist'gen Kampfe
zu sich die Rosse und das Heer der Bilqis:
«O kommt, o kommt, ihr Edlen, kommt doch eilend,
es wallt der Ozean der Gottes-Großmut

und jeden Augenblick wirft ungefährdend
die Welle hundert Perlen an das Ufer!
Wir heißen euch willkommen, Rechtgelenkte –
Rizwan tat auf des Paradieses Pforten!»

Dann sagte Salomon: «Ihr Boten, geht nun
zu Bilqis und – glaubt dieser Religion!
Und sagt zu ihr, sie solle eilends kommen,
denn Gott lädt sie zur Friedenswohnstatt ein.
Komm eilend, die Glückseligkeit du suchest –
Die Zeit der Gnaden ist's, des off'nen Tors!
Und auch du, der nicht sucht – komm, und erfahre,
wie dir der treue Freund das Suchen schenkt!

Komm jetzt,
denn sonst kann es dir schlecht ergehen;
dein Heer wird dir zum Feind und rebelliert.
Dein Kämmerer, er wird dein Tor zerstören,
und deine Seele wird zum Feind dir werden,
denn die Atome sind in Erd' und Himmeln
nur Gottes Heer, wie man in Prüfung sieht.
Du hast den Wind gesehn, was er den Ad tat,
das Wasser, was es in der Sintflut tat,
und wie das Meer voll Haß schlug Pharao
und was die Erde tat mit Korahs Schatz...
Und denke an mein Heer von Geistern, Feen,
aus ganzem Herzen meine Feinde spaltend!
Laß erst dein Königreich, Bilqis, denn wenn du
mich findest, dann gehört dir jedes Reich.
Du wirst erkennen, wenn zu mir du kommest:
lebloses Bild nur warst du ohne mich!

Komm, ich bin ein Prophet, der alle ruft,
und wie der Tod, so töte ich die Lust...
Erhebe dich, Bilqis, dein Schloß verlassend!
Vernichte jenes Reich der zwei drei Tage!»

Als jenes Morgenlicht nach Saba kam,
befiel Verwirrung Bilqis und ihr Volk.
Die toten Seelen legten Schwingen an,
die Köpfe hebend aus des Leibes Grab,
und gaben sich die frohe Kunde: «Höret,
vom Himmel kam ein wunderbarer Ruf!
Von diesem Rufe wird der Glaube stark,
des Herzens Blatt und Zweige werden grün.»
Der Odem Salomos – wie die Posaune
des Jüngsten Tags – erlöset alle Toten...

Ich will von Saba sehnsuchtsvoll euch singen:
als zu dem Tulpenfeld der Frühling kam,
erlebten Leiber Einung mit dem Geiste,
kehrten die Kinder heim zum Ursprungsland.
Das Volk heimlicher Liebe gleicht der Großmut,
von geist'ger Niedrigkeit doch rings umstellt.
Des Geistes Niedrigkeit kommt nur vom Leibe,
des Leibes edler Rang vom Geiste nur.
O Liebende – der Trunk ist euch gegeben!
Ihr seid die Bleibenden, seid ewig ihr!
Die ihr vergessen habt, erhebt euch, liebet,
der Dufthauch Yusufs kommt – o riechet ihn!
Komm, Salomo, der Vogelsprache kundig,
sing jeden Vogels Weise, der da naht!
Da Gott dir alle Vögel sandte, hat Er
dich ja die Sprache aller auch gelehrt...

Lehre die Taube sich vorm Falken hüten,
und sag dem Falken, mild zu sein und sorgsam,
und jener Fledermaus, armselig hilflos, –
zeig' ihr das Licht und lasse sie's erkennen!
Das streitgesinnte Rebhuhn lehre Frieden,
und lehr' den Hahn, vom Morgenlicht zu künden!
So geh vom Wiedehopf hin bis zum Adler,
zeig' ihren Weg – und Gott weiß es am besten. –

Als Salomo den Vögeln Sabas einmal
nur zupfiff, da band alle er an sich,
nur jenen nicht, der halbtot ohne Schwinge
taubstumm war wie ein Fisch von Anbeginn.
Nein, das ist falsch!
Denn neigte solch ein Tauber
sein Haupt der Gottesmacht – er würde hörend!

Als Bilqis nun mit Herz und Seele reiste,
bereute sie die Zeiten, die vergangen.
Sie gab ihr Reich und ihren Reichtum auf,
wie Liebende vergessen Ruhm und Ehre.
Die zarten Mädchen und die holden Knaben
erschienen ihr wie stinkend-faule Zwiebeln,
und ihre Gärten, Schlösser und Gewässer
wie Aschenhaufen vor der Liebe Auge.
Denn wenn die Liebe jemand überwältigt,
erscheint das Lieblichste als häßlich ihm.
Smaragd erscheint wie Lauch – der Liebe Eifer
weist so: «Kein Gott als Er» – nur Er allein!
O Schützer, «Kein Gott außer Ihm»
– das zeigt dir
den lichten Mond gleich einem schwarzen Topf!

Bilqis bedauerte nicht Schatz noch Hausrat:
allein ihr Thron – um den tat es ihr leid.
Und Salomo erfuhr des Herzens Sehnen –
von seinem Herz zu ihrem ging ein Weg.
Er, der den Ruf der Ameisen vernommen,
er hörte auch der Fernen innern Gram.

Er sah von fern, daß sie, die sich ergab,
noch litt, weil sie von ihrem Thron getrennt.

So groß war dieser Thron und so gewaltig,
daß man ihn nicht auf Reisen nehmen konnte,
von feinster Arbeit, und nicht zu zerlegen,
verbunden wie die Glieder eines Leibes.
So sagte Salomo: «Wenn auch am Ende
ihr Thron und Krone nichts bedeuten werden –
(denn wenn die Seele aus der Einheit kommt,
besitzt der Körper keinen Lüster mehr,
und kommt die Perle aus dem Meeresgrunde,
erscheint dir Schlamm und Stroh verachtenswert,
und wenn im Flammenschein die Sonne aufglänzt,
wer setzte sich zum Skorpionenschwanz?)
Jedoch in diesem Falle ist es nötig,
daß man den Thron ihr hierher transportiere,
daß sie nicht traurig ist, wenn sie *mich* trifft –
so wie man Kindern ihren Wunsch erfüllt.
Mir ist das leicht, doch ihr ist er sehr teuer –
so sei am Tisch der Huris auch ein Dämon.
Der Thron, so kostbar, wird zur Lektion ihr,
erinnernd sie an das, was sie gewesen,
damit die so Geplagte dann begreife,
von wo sie sich zu welchem Rang erhoben!»

Es sagte ein Ifrit: «Mit meinen Künsten
bring ich den Thron, eh du verläßt die Sitzung!»
Doch Asaf sprach: «Durch Gottes größten Namen
bring ich ihn vor dich jetzt in diesem Nu!»
Der Ifrit war ein Meister der Magie,
doch Asafs Wort war's, das den Thron gebracht,
und Bilqis' Thron kam an zu dieser Stunde
durch Asaf, nicht durch einen Geistertrick.
«Gelobt sei Gott für dies und hundert Gnaden,
die ich erfahren von dem Herrn der Welt!»

Den Thron sah Salomo und sagte: «Ja doch,
du bist es, Baum, der die Betörten fängt!
Steh auf, Bilqis – betrachte dieses Reich!
Am Strand von Gottes Meer nun sammle Perlen.
Am Himmel strahlend weilen deine Schwestern –
was rühmst du dich als Herrscher über Aas?
Weißt du, welche edle Gaben deinen Schwestern
der Wahre König gab, daß du dich brüstest,
und freudevoll bei Trommelklang verkündest:
‹Ich bin der König, Fürst des Aschenhaufens!›?»

Yusuf und der Spiegel

Yusuf, dem Inbegriff aller Schönheit, kann man nur einen Spiegel als Geschenk bringen, wie nur das von allem gereinigte Herz Gottes Schönheit widerspiegeln kann.

Zum Gast sprach Yusuf: «Wo ist dein Geschenk?»
Da schämte der sich und begann zu klagen:
«Ich hab so viel Geschenke schon gesucht,
doch keins fand ich, das mir ganz würdig schiene.
Wie brächt zur Mine ich ein Körnchen nur?
Wie brächt zum Ozean ein Tröpflein ich?
Ich würde Kümmel ja nach Kirman tragen,
Legt' ich vor dich mein Herz und meine Seele!
Es gibt kein Saatkorn, das ich hier nicht finde –
Nur deine Schönheit, die ist unvergleichlich.
So fand ich's passend, daß ich einen Spiegel
vor dich nun bringe, wie das Licht der Brust,
damit du selbst dein schönes Antlitz schauest,
des Himmels Kerze du, der Sonne gleich.
Ich bring dir einen Spiegel, Leuchtender,
daß mein du denkst, wenn du dein Antlitz siehst!»
So zog den Spiegel unterm Arm er vor –
Der Schöne hat mit Spiegeln nur zu tun.

Was ist der Spiegel für das Sein? Das Nicht-Sein.
So bringe Nicht-Sein als Geschenk, sei klug!

Die Verkündigung Mariae

Maria sah in ihrem Baderaum,
wie eine Form, berückend und entzückend
entwuchs vor ihr dem Boden: Gabriel,
der treue Geist, wie Mond und Sonne strahlend,
ein Schöner, schleierlos: wie der Moment,
da sich die Sonne hebt im Orient.
Ein Zittern überkam Marias Glieder,
denn sie war nackt und hatte Angst vor Schande.
Ja, könnte Yusuf diesen Schönen schauen,
er schnitt' sich in die Hand, wie einst die Frauen!
Er wächst gleich einer Rose aus dem Rasen,
gleich einem Traumbild, das dem Herz entspringt.
Maria sank entselbstet hin und sagte:
«Ich werfe mich in Gottes Schutz allein!»
Denn so gewöhnt war jene Unberührte,
daß sie die Last zum Unsichtbaren führte;
da sie erkannt: die Welt hat keine Dauer,
nahm klug sie sich nur Gott als Burg und Mauer,
Daß sie beim Tode eine Festung hätte,
daß ihr der Feind den Weg zum Ziel nicht sperre.

Maulana spricht dann von den Gegensätzen, die notwendig für das Leben sind.

Der Freude Zucker: Frucht des Gartens «Gram» –
Frohsinn ist Plage, Schmerz als Heilung kam.
Siehst Gram du, zieh ihn liebevoll ans Herz –
von Rabwa blicke du Damaskus-wärts.
Der Weise sieht in Trauben schon den Wein,
der Liebende, im Nicht-Sein schon das Sein!

Lastträger stritten sich am Marktplatz heute:
«Ich will die Last!», «Nein, *ich* trag' sie, ihr Leute!»
Je mehr die Last, je mehr sie Nutzen fänden –
so rissen sie die Last sich aus den Händen.

Maria war verwirrt für eine Weile,
dem Fisch gleich zitternd, der im Trocknen liegt,
da rief das Bild der Gottesgnade aus:
«Ich bin Sein treuer Bote – flieh doch nicht!
Wend' nicht den Kopf ab
von solch Hoch-Erhab'nem!
Verbirg dich nicht vor solchem Ganz-Vertrauten!»
So sprach er, und von reinem Licht ein Strahl
stieg ihm vom Mund zum höchsten Himmelssaal.
«Du willst von meinem Sein zum Nicht-Sein fliehen –
Ich bin im Nicht-Sein Fürst und Fahnenträger.
Im Nicht-Sein ist mein Heim und meine Wohnung,
und vor der Jungfrau zeigt sich nur mein Bild.
Bin Neumond und ein Traum in deinem Herzen,
und setzt der Traum im Herzen sich dann fort,
ist er mit dir, wohin du immer fliehst;
Nur nicht das falsche, wesenlose Bild,
das wie das falsche Morgenlicht versinkt.
Der wahre Morgen ich, von Gottes Licht,
Dess' hellen Tag nie eine Nacht umflicht!»

Gabriel erklärt Maria, daß es unnütz sei, gegen seine Erscheinung auszurufen «Es gibt keine Stärke und keine Kraft außer bei Gott!», da er ja mit dem, der so angerufen wird, eines ist. Er warnt sie vor Unwissenheit, und Rumi setzt die Ermahnung fort.

Nicht-Wissen ist ja wohl die schlimmste Plage:
An Freundes Brust, kennst du kein Liebesspiel!
Du hältst den Freund
noch immer für den Gegner,
du nennst des Freundes Glücksglanz dort
noch Kummer.
Die Dattelpalme, die des Freundes Huld ist –
sie wird zum Galgen uns, denn wir sind Diebe.
Die Moschuslocke unseres Geliebten
wird uns zur Fessel, weil wir nicht verstehen,
und solche Huld, die wie der Nil dahinströmt,
scheint uns gleich Blut, da Pharao wir sind.
Das Blut, es sagt: «Ich bin doch Wasser, heilsam!
Ich bin doch Yusuf – du machst mich zum Wolf!»

Jesus, der wunderbare Arzt

Jesus als der große Wunderheiler wird in dem folgenden Gedicht treffend beschrieben; in den hierauf folgenden Versen erinnert Maulana die Menschen daran, daß sie oft wunderbare Heilung erfahren haben, aber meist vergessen, dem Helfer gebührend zu danken.

Die Klause Jesu ist der Tisch der Liebenden –
O kommt, Geplagte ihr – weicht nicht von dieser Tür!

Von allen Seiten her versammelten sich Leute,
vom Schlag getroffen, blind und lahm, und die in Fetzen.

Sie alle kamen morgens zur Tür von Jesu Klause,
daß er mit seinem Atem sie von Gebresten heile.
Wenn seine Litaneien er dann beendet hatte,
dann trat der Fromme früh aus seiner Tür heraus
und sah sie, Schar um Schar, die Elenden und Armen
an seiner Schwelle dort voll Hoffnung auf Erbarmen,

und sprach an jedem Morgen: «O ihr Geplagten, seht –
Von Gott kam die Erhörung für eurer Not Gebet.
So geht nun ohne Schmerzen und Leid von diesem Platz
zur göttlichen Vergebung, zu Gottes Gnadenschatz!»
Und alle, wie Kamele gebunden lange Zeit,
die man jetzt von den Fesseln an ihrem Knie befreit,
so rannten sie nach Hause und liefen fröhlich fort,
leichtfüßig, froh, genesen von seinem Segenswort!

Ein Rat Jesu

Ein kluger Mann hob an, Jesus zu fragen:
«Was ist am schwersten in der Welt zu tragen?»
Er sagte: «Gottes Zorn – Die Hölle bebt
vor ihm so wie auch jeder, der da lebt.»
«Und was kann vor dem Gotteszorn
mich schützen?»
«Beherrsch' den eig'nen Zorn
– das wird dir nützen!»

Jesus flieht vor den Dummen

Dummheit – dem religiösen Wissen entgegengesetzt – ist die größte Gefahr für den Menschen; sie ist unheilbar, und selbst Jesus, der Kranke heilen und Tote beleben kann, steht ihr machtlos gegenüber.

Weit in die Berge floh der Sohn Marias,
als wollt' ein Löwe wild sein Blut vergießen.
Ein Mann lief hinter ihm und rief: «O Jesus,
was rennst du so, wo keiner dich verfolgt?»
Doch derart eilends fuhr er fort zu rennen,
daß er vor Eile keine Antwort gab.
Der andre folgte ihm noch ein, zwei Meilen
und rief mit größter Mühe Jesus an:
«Um Gottes willen! Bleib doch einmal stehen –
ich habe ein Problem: dich flieh'n zu sehen!
Vor wem, o Edler, rennst du denn hinweg?
Kein Löwe folgt, kein Feind dir, fürchte nichts!

Er sprach: «Ich fliehe vor den Dummen! Fort! –
Ich mach mich frei; nun binde *du* mich nicht!»
Der sprach: «Bist du denn Christus nicht, sag an,
der Blinde und der Taube heilen kann?»
Er sagte: «Ja!» «Bist du der König nicht,
der alles Unsichtbaren Zauber kennt,
und hauchst du damit einen Toten an,
dem Löwen gleich springt er lebendig dann?»

Er sprach: «Ganz recht, ich bin's.» Der andre frug:
«Machst du nicht Vögelchen aus Lehm, ganz klug?»

Er sprach: «Jawohl.»
Der sagte: «Geist so rein –
du kannst doch alles – was bekümmert dich?
Du hast doch solche Kraft, daß in der Welt
von Menschen nichts sich dir entgegenstellt!
Was kümmert es die Sonne, die sich hebt,
auch wenn der Wintersturm am Himmel tobt – ?»

Da sagte Jesus: «Bei dem Reinen Wesen
des Schöpfers, der den Leib, die Seele schuf,
ist's dieser Zauber, ist der Größte Name,
den ich auf Blinde blies, auf Taube, Lahme,
und haucht' ich ihn auf einen Berg aus Stein,
zerrisse der sein Kleid und fiel in Stücke,
haucht' ich ihn auf den Toten, würd' er leben,
haucht' ich aufs Nichts, es würde Etwas geben.
Doch haucht ich ihn auf eines Dummkopfs Herz
auch tausendmal – es würde ihm nicht helfen,
es bliebe harter Stein, sich niemals ändernd,
es würde Sand, aus dem nie Saat erwüchse!»

Er sprach: «Wie kommt es, daß der Name Gottes
dort hilft, und hier kein Nutzen ist, voll Spottes?
Es ist doch Krankheit dort und ist auch hier,
wie heilst du jenes, und nicht dieses hier?»
Er sprach: «Der Dummheit Schmerz
ist Gottes Zorn,
doch Blindheit, Krankheit sind Heimsuchung nur.
Heimsuchung ist ein Schmerz, der Gnaden bringt,
doch Dummheit ist ein Schmerz,
der Schaden bringt...!»

Flieh vor den Dummen, wie es Jesus tat.
Freundschaft mit Dummen:
da vergießt man Blut,
so wie die Luft das Wasser langsam stiehlt,
so stiehlt den Glauben auch von dir der Dumme.
Er stiehlt dir Wärme, tauscht dir Kälte ein,
wie wenn du untern Hintern legst ‘nen Stein.
Denn Jesu Flucht war nicht
aus Furcht und Angst –
Er ist ja sicher – es war zur Belehrung.

Der klagende Palmstumpf

Der Überlieferung nach stützte der Prophet Muhammad sich beim Predigen auf einen Baumstumpf. Als die erste kleine Kanzel errichtet wurde, wurde der Holzstumpf weggeworfen und begann bitterlich zu seufzen, weil er die Trennung vom Propheten nicht ertragen konnte.

Der Holzstumpf nun, getrennt von dem Propheten,
begann zu jammern wie vernünft'ge Menschen.
Sprach der Prophet:
«Was möchtest du denn, Baumstumpf?»
Der sprach:
«Getrennt von dir ward meine Seele Blut.
Ich stützte dich – du hast dich abgewandt
und hast dich auf die Kanzel nun gestützt!»
Er fragte: «Willst du Dattelpalme werden,
daß Ost und West dann deine Früchte pflücken?
Willst du im Jenseits zur Zypresse werden,
daß immer frisch und grün du bleiben mögest?»
Das Holz sprach: «Das, was ewig bleiben wird!»

Hör zu, o Mensch! Sei minder nicht als Holz!

Und so begrub er es im Erdenreich,
damit es auferstehe, Menschen gleich.
Denn wisse, jeder, den Gott zu sich ruft,
hat nichts zu tun mehr mit dem Werk der Welt!

مثنوی معنوی

SIEHE, ICH STARB ALS STEIN

Der Weg zur Vollendung

Die Geschichte von den Kichererbsen

Rumi liebte Küchensymbolik, und Anspielungen auf Speisen und Getränke füllen seine Verse, denn «alles außer Gott ißt und wird gegessen». Die Hausfrau, die hier, den vollkommenen Meister darstellend, die Kichererbsen zubereitet, lehrt das Gemüse, daß nur durch Selbstopfer sein Aufsteigen in der Welt möglich ist; wie Halladsch sang:

Tötet mich, o meine Freunde,
denn im Tod nur ist mein Leben,

so muß jedes geschaffene Wesen durch den Tod zu einem höheren Leben erstehen – es ist das «Stirb und werde», das allem außer Gott zukommt.
Der Gedanke, daß der Mensch in diese aufsteigende Leiter gehört und schließlich zum reinen Geist wird, durchdringt Rumis Verse vor allem in den sechziger Jahren des 13. Jahrhunderts und ist in immer neuen Bildern besungen worden.

«Meine Barmherzigkeit geht meinem Zorn voraus» ist ein außerkoranisches Gotteswort.

Daß der Elefant von Indien träumt und dann seinem Treiber zu entfliehen sucht, ist ein bekannter Topos persischer Dichtung; im allgemeinen symbolisiert er das Erwachen der Seele, die sich plötzlich der früheren Heimat erinnert.

Sieh dir die Kichererbse an im Topfe,
wie hoch sie springt, sobald das Wasser kocht!
Die Kichererbse steigt zum Topfesrand,
wenn's Wasser braust,
und schreit wohl hundertmal:
«Warum setzt du mich denn dem Feuer aus,
was hast du mich gekauft und umgedreht?»
Die Hausfrau nimmt die Kelle her: «O nein!
Du koch mal schön und spring vom Feuer nicht!
Ich laß dich kochen, nicht weil ich dich hasse,
nein, daß Geschmack du kriegst
und gut bekommst,
damit du Speise wirst, mischst dich der Seele;
die Prüfung dient nicht zur Erniedrigung.
Du trankst im Garten Wasser, frisch und grün –
Das Wasser kam um dieses Feuers willen;
denn Gnade geht ja Seinem Zorn voraus, –
für die Geprüften wird es Gnade dann.»

Ja, Seine Gnade geht dem Zorn voran
daß du des Daseins Kapital gewinnst,
denn ohne Huld
wächst Fleisch nicht oder Haut,
und sonst
– was soll des Freundes Liebe schmelzen?

So kommen daher für dich Zorneszeichen,
damit du aufgibst dieses Kapital!
So kommt die Huld entschuldigend von Ihm:
‹Du wuschst dich rein und steigst nun aus der Flut.›

Sie sprach: «Du weidetest im Frühling, Erbse –
jetzt ist der Schmerz dein Gast – behandl' ihn gut.
Damit der Gast dann dankbar dich verlasse
und vor dem König deine Großmut preise:
Dann kommt der Geber selbst anstatt der Gabe,
und alle Gnaden werden dich beneiden.
Ich: Abraham, – du bist mein Sohn vorm Messer!
Leg hin dein Haupt,
«Ich sah, wie ich dichschlachte.»(Sura 37,101)
Leg hin dein Haupt vorm Zorn, mit festem Herzen,
daß ich's abschneide dir, wie Ismail.
Ich schneid den Kopf dir ab, doch ist's der Kopf,
der frei vom Schneiden und vom Tode ist!
Urew'ger Gottesrat ist: dich ergeben.
O Muslim, du mußt nach Ergebung streben!
So koch' in Heimsuchung, du Kichererbse,
bis dir kein Dasein und kein Ego bleibt!
Hast früher du im Garten viel gelacht –
jetzt bist die Rose du im Seelengarten.
Wenn du getrennt vom Hag aus Staub und Wasser,
wirst du zur Speise, gehst in das Lebendge.
Zur Speise werde nun, zu Kraft, zum Denken,
warst Milch du
– werd' zum Löwen jetzt im Dschungel!
Du wuchsest ja aus Seinen Attributen –
eil' nun zurück in Seine Attribute!

Von Wolken, Sonne, Himmel kamst du her,
wardst Attribute, kehrst zum Himmel hehr;
du kamest in der Form von Wärme, Regen,
und gehst nun in die Edlen Attribute.
Du warst ein Teil von Sonne, Wolken, Sternen,
du wurdest Seele, Tat und Wort und Lernen;
Des Tieres Sein wuchs
aus dem Tod der Pflanze –
so ist es recht: «O tötet mich, ihr Freunde!»
Kann man sich so
nach dem Schachmatt erheben,
ist es auch recht: «Im Tod nur liegt mein Leben.»
Denn Tat und Wort sind Speise für den Engel,
durch die er aufsteigt in den hohen Himmel,
und als der Bissen Menschen-Speise ward,
ließ er das Mineralreich, wird beseelt –

Dies Thema wird an einem andern Ort
ausführlich noch erklärt mit weisem Wort!

Vom Himmel kommen Seelenkarawanen,
ständig zu wirken und zurückzukehren.
So geht denn, süß und froh mit freiem Willen,
nicht bitter, wie ein Dieb, und widerwillig!
Ich sag' dir diese bittere Geschichte,
damit du dich von Bitterkeit befreist.
Gefrorne Trauben werden frei vom Eise,
wenn man in kaltes Wasser sie gelegt,
und ist dein Herz voll Blut von Bitterkeit,
so bist du bald von Bitterkeit befreit.
Ein edler Jagdhund ist's, der's Halsband trägt –
und roh, geschmacklos ist der Ungekochte.»

Die Erbse sprach: «Wenn dem so ist, o Dame,
will gern ich kochen – hilf mir auf dem Pfade!
Du baust als Architekt mich auf durch Kochen,
Schlag mit dem Löffel mich
– schön ist dein Schlagen!
Ein Elefant ich – schlag mich auf den Kopf,
daß ich nicht mehr von Indiens Garten träume,
daß ich mich ganz dem Kochen überlasse,
den Weg zu finden zu des Freunds Umarmung.»

Der Mensch wird störrisch,
wenn er unabhängig,
gefährlich wird der Elefant, der träumt,
denn wenn im Traume Indien er sieht
hört er nicht mehr auf seines Treibers Lied.

Die Dame sprach: «Wie du war früher ich –
ein Teil war ich von dieser Erdenwelt.
Als ich den feurigen Pokal getrunken
des Kampfs der Seele, ward ich angenehm.
Ein Weilchen kochte ich so in der Zeit,
ein Weilchen in dem Topf des Leibes auch.
Zweifaches Kochen gab mir Kraft der Sinne,
ich ward zum Geist und wurde so dein Lehrer.
Im Mineralstand pflegte ich zu sagen:
‹Lauf, werde Wissen, geist'ge Qualitäten!›
Da ich nun Geist bin, lass mich nochmals kochen,
das Animalische zurück zu lassen!»

Siehe, ich starb als Stein

In diese Gruppe von Gedichten gehören auch die Verse, die Rückert schon um 1830 ins Deutsche übertrug:

Siehe, ich starb als Stein
                    und stand als Pflanze auf,
starb als Pflanz'
              und nahm dann als Tier den Lauf,
starb als Tier
     und ward ein Mensch. Was fürcht' ich dann,
da durch Sterben
                  ich nicht minder werden kann?
Und wenn ich werd' als Mensch gestorben sein,
wird ein Engelsflügel mir erworben sein,
und als Engel muß ich sein geopfert auch,
werden, was ich nicht begreif, ein Gotteshauch.

Den letzten Vers jedoch hat Rückert nicht übertragen; er lautet:

O lass mich nicht-sein, denn das Nichtsein ruft
mit Orgelton: ‹Zu ihm kehr'n wir zurück.›

Arten und Stadien der menschlichen Schöpfung von Anfang an

Er kam zunächst in unbelebte Zonen,
um später in der Pflanzenwelt zu wohnen.
Als Pflanze lebte er in langen Jahren,
und er vergaß, was er als Stein erfahren.
Wenn er von Pflanzen sich zum Tier begeben,
vergißt er ganz das früh're Pflanzenleben.
Nur eine Neigung ihn damit verbindet,
im Lenz vor allem, wenn er Kräuter findet,
wie sich das Kind nicht von der Mutter trennt,
wenn's auch der Neigung
innern Grund nicht kennt,
und wie der neue Jünger liebt so sehr
den Meister, seinen Leiter, rein und hehr.
Vom Urverstand ist er nur Teilgedanken,
vom Rosenzweig
stammt jenes Schattens Schwanken.
In ihm wird einst
der Schatten ganz verschwinden,
Geheimnis seines Suchens wird er finden.
Wie, daß des Zweiges Schattens sich bewegte,
o holder Freund, wenn nicht der Baum sich regte?
Zum Menschentum führt ihn sodann vom Tier
der große Schöpfer, der bekannt auch dir.
So zog von einem er ins andre Land,
bis stark er ward, mit Wissen und Verstand.
Die ersten Seelen kann er nicht mehr kennen –
er muß sich auch von dieser Seele trennen,
Daß er dem gierigen Verstand entgehe,
und den Verstand, den wundervollen, sehe.

Wenn er auch schläft und hat, was war, vergessen –
wie ließen sie ihn so im Selbst-Vergessen?
Sie sorgen, daß er aus dem Schlaf erwacht,
daß seinen jetzt'gen Zustand er verlacht:
«Was tut's, was ich im Schlaf erlebt, gegessen?
Wie konnte ich die Wahrheit so vergessen?
Und wußte nicht, daß Leid und aller Kummer
nur Täuschung ist und Traum,
bewirkt vom Schlummer?»
Ein Traum des Schläfers ist die ganze Welt,
den jeder Schläfer doch für ewig hält,
Bis plötzlich strahlt des Todes Morgenzeit,
die ihn von Traum und falschem Wahn befreit,
Und über seine Sorgen lacht er laut,
sobald er seinen Ruheplatz erschaut.
Was du im Schlafe gut und schlecht gesehn,
am Jüngsten Tage wird es vor dir stehn.
Was du im Schlafe dieser Welt auch machst:
es wird dir klar sein, wenn du erst erwachst.
Du darfst nicht denken, schlechte Taten wären
es nur im Schlaf, und gar nicht zu erklären!
Dein Lachen wird zu Wehgeschrei sodann
am Tage der Erklärung, o Tyrann!
Dein Schmerz und Leid,
dein Kummer, deine Sorgen –
sie werden Freude am Erwachensmorgen!

مثنوی معنوی

ES RUFEN GOTT DIE FROMMEN UND DIE HEIDEN

Gedanken über das Gebet

Der verzweifelnde Beter

Diese Geschichte wurde erstmals 1821 von F.A.D. Tholuck in seinem Büchlein *Ssufismus sive philosophia persarum pantheistica* veröffentlicht und kritisch beleuchtet; doch ihre Berühmtheit verdankt sie dem schwedischen Erzbischof Nathan Söderblom, der in ihr das Geheimnis des Gnadengebetes erkannte, das die christliche Tradition seit Paulus kennt. Rumi hat den Gedanken, daß das Gebet ein Geschenk Gottes ist, oftmals im *Mathnawi* ausgedrückt; er findet sich aber bereits in der frühesten islamischen Tradition; denn alle Aktivität geht ja von Gott aus.

«Oh Gott!» rief einer viele Nächte lang,
und süß ward ihm sein Mund von diesem Klang.
«Viel rufst du wohl», sprach Satan voller Spott.
«Wo bleibt die Antwort ‹Hier bin ich› von Gott?
Nein, keine Antwort kommt vom Thron herab!
Wie lange schreist du noch ‹O Gott!› Laß ab!»

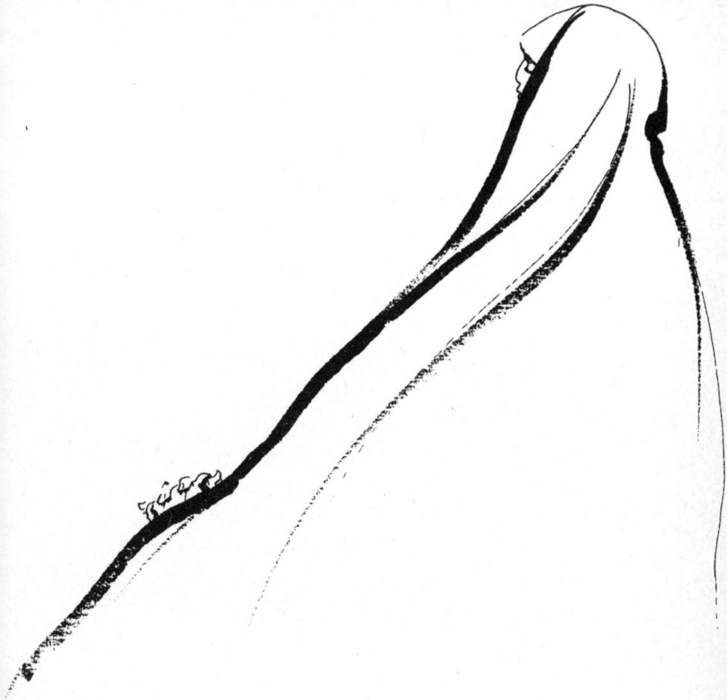

Als er betrübt, gesenkten Hauptes, schwieg,
sah er im Traum, wie Chidr niederstieg
und sprach:
«Warum nennst du Ihn denn nicht mehr?
Was du ersehnt – bereust du es so sehr?»
Er sprach: «Nie kommt die Antwort: ‹Ich bin hier›
So fürchte ich, Er weist die Türe mir!»

Dein Ruf ‹O Gott› ist Mein Ruf: ‹Ich bin hier!›
Dein Schmerz und Flehn ist
Botschaft doch von Mir,
und all dein Streben, um Mich zu erreichen –
Daß Ich zu Mir dich ziehe, ist's ein Zeichen!
Dein Liebesschmerz ist Meine Huld für dich –
Im Ruf ‹O Gott!› sind hundert ‹Hier bin Ich!›

Damit das Gebet aber tatsächlich echt ist, muß es aus Leid und Schmerz entstehen: Pharao wurde von Gott damit bestraft, daß er niemals Kummer erfuhr, und so konnte er auch nicht recht beten, denn:

Der Schmerz ist besser als des Weltreichs Macht,
Damit du Gott rufst heimlich in der Nacht.
Wer ohne Leid ruft, ruft aus kaltem Herzen;
Ergriffner Seele ruft, wer voller Schmerzen:
Die Stimme halb verborgen noch im Innern,
Sich an den Anfang, den Beginn erinnern,
Und dann die Stimme traurig und verklärt:
«O Helfer, Gott, bei dem man Huld erfährt!»

Die Klage des Derwischs

Rumis Vorgänger Attar hatte in seinem dichterischen Werk oft arme oder geistig verwirrte Menschen zu Sprachrohren der Kritik an Gott gemacht; Rumi aber bleibt nicht bei der Kritik stehen, sondern erinnert daran, daß aller äußere Besitz ja nur ein Zusatz zum göttlichen Geschenk, dem Leben, ist.

Ein frecher Derwisch sah einst in Herat,
Wie eines Großen Diener vor ihn trat,
Mit goldnem Gürtel und mit Seidenflor –
Da hob den Blick zum Himmel er empor:
«O Gott, willst Du von diesem Mann der Welt
Nicht lernen nun, wie man sich Diener hält?
Und lernen, wie man kleidet sie und nährt,
Von diesem Fürsten, unserm Meister wert?»
Denn er war hilflos und war arm und nackt
Und zitterte, von Kälte hart gepackt;
Ganz außer sich vergaß er seine Sitte,
Er wurde frech aus seines Elends Mitte.
Auf tausend Gaben hatte er gebaut:
Die Wissenden sind eng mit Gott vertraut.

(Des Schahs Vertrauter darf wohl Frechheit wagen:
Du aber darfst nicht solche Worte sagen.)
Gott gab den Leib, der besser als das Kleid,
Der Fürst schenkt Kronen
– Er das Haupt verleiht.

Der getröstete Schuldner

Ein Mann, der viele Schulden hatte, kam nach Tabriz, in der Hoffnung, beim Qadi Hilfe zu finden; als er hört, daß der Qadi gerade gestorben ist, wird er ohnmächtig, doch als er wieder zu sich kommt, sieht er ein, daß es falsch ist, auf einen Menschen zu vertrauen und betet:

«Beschenkte mich mein Herr auch noch so reich –
Mit Deiner Gabe ist's doch kein Vergleich!
Er gab die Mütze und auch das Gewand,
Du gabst das Haupt, den Leib mir vorderhand!
Er gab mir Gold – Du, die es zählt, die Hand,
Er gab das Reittier – Du doch den Verstand.
Er gab mir Licht – Du, daß ich's sehen kann,
Er gab mir Süßes – Du Geschmack daran.
Er gab mir Dienst – Du gabst mir Leben, Blut,
Verspricht er Gold, versprichst Du ew'ges Gut.
Er gab mir Wohnung – Du das Himmelszelt,
Für viele gleich wie ihn hat Raum die Welt.
Gold schuf er nicht – von Dir hat er's genommen;
Das Brot ist Dein – von Dir hat er's bekommen.
Du nur hast diese Großmut ihm gegeben,
Damit Du noch verschönst sein reiches Leben.
Ihn machte ich zur Kibla mir beim Beten,
Statt vor der Kibla Schöpfer hinzutreten!»

Verschiedene Bitten

Es rufen Gott die Frommen wie die Heiden,
Doch muß man ihr Gebet wohl unterscheiden:
Der Bettler ruft, um seine Not zu stillen,
Der Fromme ruft um seiner Seele willen.

Gebet um Vergebung

Wohl hundert-, tausendmal brach unser Bund,
Doch Dein Bund steht in bergesfestem Grund.
Wie Stroh ist unser Bund vor jedem Wind –
Dein Bund ist fester noch als Felsen sind.
Drum: Unsrer Färbung Unbeständigkeit
Sei gnädig, Herr – Du, der die Farben leiht!
Wir sahen uns, wie schlecht sind wir, wie sehr!
O prüfe, König, uns nicht fürder mehr,
Damit noch andre Schändlichkeit und Schuld
Verborgen bleibt, o Helfer voller Huld!
Du, Herr, bist grenzenlos schön und vollkommen –
Wir grenzenlos im Irrtum nur beklommen.
Schick doch das, was Du grenzenlos umfaßt
Auf unsres grenzenlosen Irrtums Last!
Komm – nur ein Faden blieb von unsrem Kleid,
Ein Wall nur von der Stadt so stark und weit!
Den Rest, o Herr, magst Du den Rest verschonen!
Sonst lachen voller Freude die Dämonen
Um uns und nicht um Deiner frühern Gnade,
Mit der Du die suchst, die geirrt vom Pfade!
Du zeigtest Macht – nun zeig Barmherzigkeit,
Der jedem Herzen Milde doch verleiht!
Verstärkte dies Gebet jedoch Dein Grollen,
Dann lehre Du uns, wie wir beten sollen:
Du läßt auch Adam wieder zu Dir ein,
Um ihn von den Dämonen zu befrein!

Herr, lehre uns beten

Wir bitten Dich, in unser Herz zu legen
Das rechte Wort, um Dich recht zu bewegen!
Von Dir stammt so Erhörung wie Gebet,
So Sicherheit wie Scheu vor Majestät.
Wenn wir geirrt, hast Du uns ausgerichtet:
Des Wortes Fürst, Du, welcher alles schlichtet!
Du hast die Alchemie, die Wunder tut,
Zum Nilstrom wandelst Du den Strom von Blut.
Ja, solche Wandlung kommt allein von Dir,
Und Dein Geheimnis ist das Elixier!
Einst gossest Wasser Du auf staub'ge Erde,
Daß Adams Form aus Staub und Wasser werde,
Du gabst ihm Weib und Kind und Anverwandt,
Gabst Freuden ihm und manchen Kummers Brand.
Und manchen hast Du gütig dann befreit
Und ihn entfernt von Freude und von Leid;
Du bringst ihn aus sich selbst, von jedem Band,
Bis schlecht er alles Erdenschöne fand.

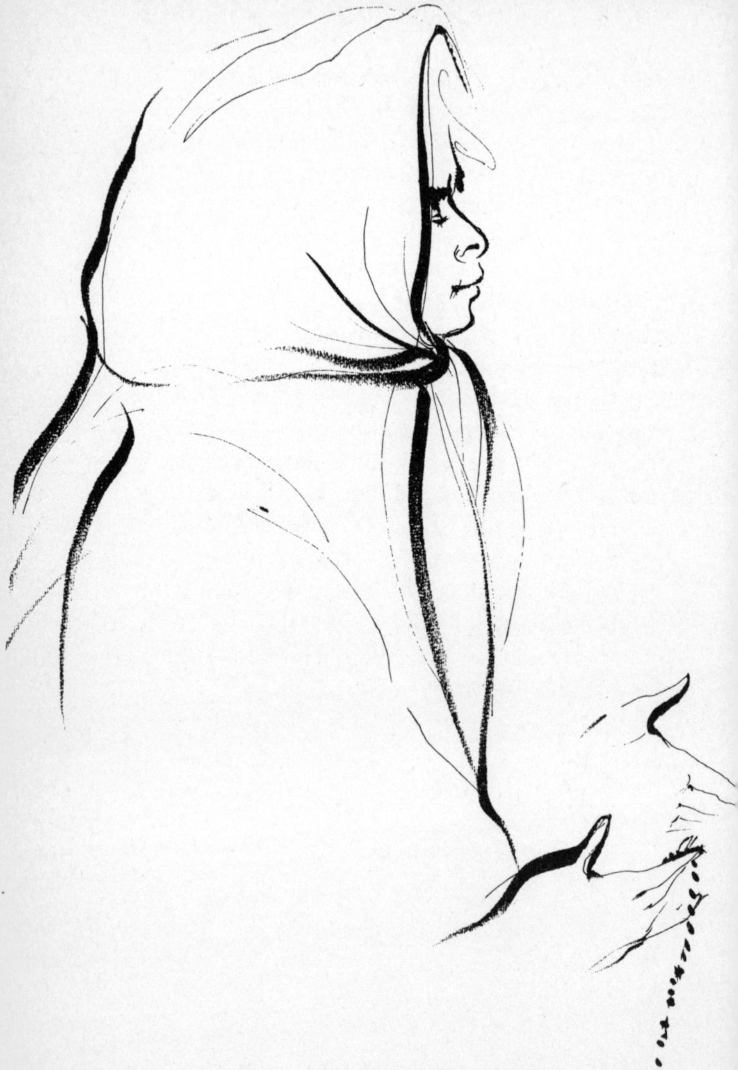

Der Prediger, der für die Bösen betete

Ein Prediger, sobald er vorgetreten,
Begann für alle Räuber nur zu beten.
Er hob die Hände: «Herr, hab doch Erbarmen
Mit jenen bösen, widerspenst'gen Armen,
Mit jenem Volk, durch das die Guten leiden,
Mit Christenmönchen und mit allen Heiden!»

Niemals, daß für die Reinen er gefleht –
Nur für die Bösen sprach er sein Gebet.
Man sprach zu ihm: «Das ist nicht wohlgetan,
Für sie zu beten, ist kein guter Plan!»
Er sprach: «Sie sind zum Nutzen mir gewesen;
Drum hab' für sie ich mein Gebet erlesen:
Ich sah von ihnen soviel Haß und Zwang,
Daß ich vom Bösen hin zum Guten drang;
Denn immer, wenn ich mich zur Welt gewandt,
So traf mich Schlag und Schmerz von ihrer Hand,
Und hilfeflehend bin ich Gott genaht –
Die Wölfe wiesen mir den rechten Pfad.
So wurden sie zur Quelle für mein Heil,
Und mein Gebet wird ihnen drum zuteil.»

Daquqis Wanderungen

Eine der eindrucksvollsten, wenn auch geheimnisdurchwobensten Geschichten im *Mathnawi* ist die Geschichte von Daquqi, der auf Suche nach den wahren Gottesmännern von einer seltsamen Vision begnadet wird: Kerzen-Bäume-Männer verwandeln sich, und er wird gebeten, diesen Lichtwesen vorzubeten. Doch als er auch ein Fürbittegebet für Sünder einfügt, verschwinden die Lichtgestalten.

Daquqi war von lieblicher Gestalt,
ein Liebender, der Wunder wirken konnte;
Auf Erden ging er, wie der Mond am Himmel;
Nachtwanderern erleuchtet' er das Herz.
In einem Ort verweilte er nur selten,
zwei Tage kaum in einem Dorf zu zelten.
Er sprach: «Bleib ich in einem Haus zwei Tage,
entbrennt ja Liebe zu dem Wohnort gleich.
Ich scheue vor der Wohnstatt, so verlockend –
Geh weiter, Seele, reise zum Genügen.
Gewöhne, Herz, dich ja an keinen Ort,
daß bei der Heimsuchung du ehrlich seist.»
Am Tage reisend, betend in der Nacht,
dem Falken gleich, stets auf den Fürsten blickend,
vom Volk getrennt, doch nicht aus Bosheit, nein,
von Mann und Frau vereinzelt, ganz allein,
mild zu den Menschen, nützlich wie das Wasser,
Fürsprecher er – erhört ward sein Gebet.
So gütig, lieb, zu Bösen wie zu Guten,
besser als Mütter, stärker als ein Vater!

Sprach der Prophet:
«Ich bin für euch, ihr Großen,
so milde und so gütig wie ein Vater,
weil ihr ja alle Teile von mir seid.
Warum reißt ihr die Teile denn vom Ganzen?
Schneidst du das Teil vom Ganzen,
ist es nutzlos.
Ein Glied, vom Leib getrennt, ist bald verrottet,
wenn du's dem Leibe nicht nochmals verbindest.
Denn es ist tot und
weiß nichts mehr vom Leben
und wenn sich's regt, hat es doch keine Stützen.
Wenn man ein Teil von diesem Ganzen trennt,
ist es nicht mehr das Ganze, sondern Mangel.
Kannst nicht von «Schneiden» und
«Verbinden» sprechen –
als Gleichnis war vom
«Mangelnden» gesprochen.

Man nannte Ali gleichnishaft auch Löwe
doch ist der Löwe ihm gewiß nicht gleich...

Doch bring von Gleichnis und von Gleichem rasch
zurück uns zu Daquqi, edler Mann!
Er, der des Volks Imam in Rechtsgutachten,
der Engel übertraf an Frömmigkeit,
den Mond mattsetzte durch sein vieles Reisen,
dess' Glaubensstärke ‹Glaube› selbst beneidet, –
Mit solcher Frömmigkeit und Litaneien
suchte er ständig die Erwählten Gottes.
Sein größter Wunsch beim Reisen war dies eine:
Einmal den wahren Gottesmann zu sehen.

So bat er wandernd stets bei seinen Reisen
«Gott! wolle mich zu Deinen Freunden weisen!
O Herr, für jene, die mein Herz schon kennt,
bin ich ein Diener, der gehorsam wirkt,
und die ich nicht gekannt, Herr meiner Seele,
mach sie mir gnädig, mir, der voller Fehle.»
Der Höchste Herr sprach: «O du edler Mann
Was ist denn das für Liebe, für ein Durst?
Du liebst doch Mich – was suchst du andres noch?
Ist Gott mit dir – was suchst du Menschen noch?»
Er sprach: «O Herr, der das Geheime kennt –
du öffnetest dem Herz des Flehens Weg.
Als ich im Meere ganz inmitten saß,
begehrte ich noch Wasser aus dem Krug.
Wie David hab' ich neunzig Mutterschafe,
doch blicke ich nach des Gefährten Schaf!
In Lieb zu Dir ist Gier ja Stolz und Ehre,
doch Schande ist's, daß andres man begehre.
Des Mannes Gier und Leidenschaft strebt vorwärts,
der Katamiten Gier ist Schande und Entehrung.
Die Gier der wahren Männer geht nach vorn,
Bei Katamiten geht die Gier nach hinten.»

Eine Geschichte von Moses und Chidr ist eingeschoben.

Daquqi – Gott erbarme seiner sich –
sprach: «So lang' reist ich durch die Horizonte
in Lieb' zum Mond, reist Monde ich und Jahre.
Ich wußt' die Wege nicht, verwirrt in Gott.
«Du gehst ja barfuß über Dorn und Stein.»
«Ich bin entrückt, bin ohne Mein und Dein».

Blick nicht auf Füße, die auf Erde schmerzen, –
Der Liebende geht sicher auf dem Herzen.
Von Weg und Standort und von kurz und lange,
was weiß sein Herz,
berauscht vom Herzensströster?
Denn kurz und lang sind Körper-Eigenschaften;
der Gang des Geistes ist ein andres Gehen.
Du bist gereist vom Samen zum Verstand,
doch ohne Schritt und Gangart oder Stand.
Der Seele Reise ist ganz ohne Wie,
o lerne, Leib, zu reisen so wie sie!
So gab er nun die Körper-Reise auf,
und ging im Ohne-Wie, wenn auch im Wie.

Er sprach: «Ich sehnte eines Tages mich,
zu sehn im Menschen jenes Freundes Licht,
um so ein Meer im Tropfen zu erschauen
und eine Sonne im Atom zu schauen.
Als ich an eine Küstenstrecke kam,
neigte der Tag sich hin zur Abendzeit.
Ich sah von ferne sieben Kerzen dort
und eilte so zu jener Küste hin.
Von jeder einen dieser sieben Kerzen,
da strahlte Licht hold zu des Himmels Zinnen.
Ich ward verwirrt, Verwirrung ward verwirrt,
Verwirrungs-Woge überkam Verstand.
Wie sind denn solche Kerzen wohl entzündet,
daß Menschenaugen sie nicht sehen können?
Die Menschen suchen noch nach einer Lampe
vor Kerzen, die den Mond selbst überstrahlen.
Erstaunlich, wie die Augen so verhüllt sind –
Es hüllte ein, ‹Er, der führt, wen Er will›.

Ich blickte wieder, und die sieben wurden
zu einer, deren Licht die Himmel spaltet.
Dann ward die eine Kerze wieder sieben,
mein Rausch und die Verwirrung wurden stärker.
Solch eine Bindung zwischen diesen Kerzen,
sie wär' nicht zu beschreiben mit dem Munde.
Nur einen Blick tat unsre Fassungsgabe –
Das Wunder kann mit Zungen
man nicht schildern.
Was einmal schaut der nüchterne Verstand
– für Jahre kann das Ohr es nicht verstehen.
Denn dieses hat kein Ende – geh und sag:
«Ich kann Dich preisen nie genug, o Herr!»
Ich rannte weiter, um zu sehn – die Kerzen
sind was für Zeichen wohl vom Gottesglanz?
Ich ward bewußtlos und verwirrter wieder
und fiel von Eile und vom Rennen nieder;
ganz ohne Fühlen und Verstand und Sinn
fiel ich im Erdenstaub bewußtlos hin.
Dann kam ich zu mir und so stand ich auf,
ganz ohne Fuß und Kopf in diesem Lauf.

Die sieben Kerzen wurden sieben Männer,
ihr Licht erstrahlte zum azurnen Himmel.
Vor diesem Licht war trüb das Tageslicht.
Ihr Stern vernichtete die andern Lichter.
Dann wurde jeder Mann zu einem Baum,
dess Grün ein jedes Auge glücklich macht,
vor Blätterfülle sah man keine Äste,
die Blätter unsichtbar – so reich die Früchte.
Ein jeder Baum war höher als die Sidra.
Die Sidra? Nein, er reichte bis ins Nichts.

Die Wurzel reichte in die tiefste Erde
noch tiefer, als wo Fisch und Weltkuh leben.
Die Wurzeln: lachender noch als die Zweige,
durch ihre Formen ward der Sinn verstört.
Und spaltete man eine Frucht mit Macht,
so floß statt Saft daraus ein Lichterblitz.
Seltsamer noch: nah ihnen gingen Menschen,
wohl hunderttausende in Wüsten, Steppen,
die sich unendlich doch nach Schatten sehnten,
aus Teppichen sich Sonnenschutz gemacht,
den Schatten dieser Bäume gar nicht sehen,
man spucke hundertfach in ihre Augen!
Den kleinsten Stern sieht,
wer den Mond nicht sieht.
Er sieht Atome, aber nicht die Sonne,
und doch verzweifelt er nicht an der Gnade.
Die Karawanen hungrig – und die Früchte,
sie fallen reif herab – welch Zauber ist das?
Die Leute kauten alle faule Äpfel,
mit trockner Kehle, alles durcheinander.
Und jedes Blatt und Knösplein an den Zweigen
rief aus: «O wüßte doch mein Volk!» im Neigen.
Von jedem Baume diesen Ruf man hörte:
«Kommt her zu uns, Unglückliche, Betörte!»
Zu jedem Baum kam Gottes Ruf voll Eifer:
«Wir banden ihre Augen – keine Zuflucht!»
Wenn jemand sagte: «Geht nach jener Seite,
daß jene Bäume Frucht und Schatten geben»,
so sagten alle: «Dieser Arme, Trunkne
ist wohl verrückt – so hat es Gott gewollt.
Durch lange Leidenschaft und durch Askese
ist sein Gehirn faul wie 'ne alte Zwiebel!»

Daquqi zweifelt an seiner Vision, aber auch die Propheten haben gezweifelt, wenn alle ihre Zuhörer sie verspotteten.

Er sprach: «Dann eilte ich noch weiter vor,
und alle sieben wurden nun Ein Baum;
sie wurden einer, wurden einzeln dann-
Wie ging's mir, ach,
mir ganz verwirrtem Mann?
Dann sah ich diese Bäume im Gebet
so aufgestellt wie die Gemeinde steht,
ein Baum stand als Imam den andern vor,
die andern hinter ihm, im Aufrechtstehen.
Dies Stehen, dieses Knien, das Sich-Neigen –
gar sehr verwundert stand ich vor den Bäumen.
Doch dann fiel Gottes Wort mir wieder ein:
«Es neigen beide sich: der Stern, der Baum.»
Die Bäume hatten Knie nicht noch Lende –
Wie kann man solch Gebet
denn dann vollziehen?
Da kam die Eingebung vom Herrn der Stärke:
«Du wunderst dich noch über Meine Werke?»
Nach einer Weile setzten sich die Sieben,
um Gott den Einzigen so anzubeten.
Ich rieb die Augen mir: die sieben Helden,
wer sind sie wohl, und was besitzen sie?
Als auf dem Weg ich ihnen näher kam,
begrüßte ich sie höflich mit Salaam.
Als Antwort sprach die Gruppe da zu mir:
«Gruß dir, Daquqi, aller Edlen Krone!»
Ich dachte: «Nun, wie kennen sie mich denn,
da sie noch nie vorher mich je erblickt?»

Rasch lasen sie vom Herzen die Gedanken
und blickten sich verstohlen alle an
und gaben lachend mir die Antwort: «Lieber,
ist auch dies noch vor deinem Sinn verhüllt?
Denn für ein Herz, das ganz in Gott entworden,
ist nichts verhüllt, sei es im Süd, im Norden.»
Ich dachte: «Wenn in Gott sie ganz versunken,
woher kommt ihnen Kenntnis noch von Namen?»
«Der Heilige mag Namen wohl vergessen,
weil er in Gott versunken, nicht aus Torheit.»
Dann sagten sie: «Wir hegen einen Wunsch:
zu beten unter deiner Leitung, Freund.»
Ich sagte:
«Gern – doch wartet noch ein Weilchen:
der Zeitverlauf macht mir doch Schwierigkeiten.
Durch heilige Gesellschaft mag sich's lösen –
Gesellschaft läßt aus Staub die Traube wachsen.
Ein pralles Korn hielt sich im Staube auf
und in Gesellschaft ward vertraut es ihm,
und löste sich im Staube gänzlich auf,
so daß von ihm nicht Farbe blieb, noch Duft.
Dann blieb' es nicht mehr unter diesem Drucke,
es sproßte, wuchs, und breitete die Schwingen.
Als so sein Ursprung ohne Selbst geworden,
verging die Form, der Sinn erglänzte leuchtend.»
Sie nickten: «Ja, dein ist nun der Befehl!»
Von ihrem Nicken sprang mir Glut ins Herz.
So saß ich mit der Gruppe der Erles'nen,
tief meditierend, von mir selbst getrennt.

In solcher Zeit befreit von Zeit das Herz sich:
denn Zeit und Stunde lassen Junge altern,

denn aller Wechsel
kommt nur von den Stunden,
wer davon frei wird,
kennt auch keinen Wechsel.
Wirst eine Stunde du von Stunden frei,
wirst du vertraut mit dem, was ohne Wie ist.

Hier folgen längere Darlegungen über das Verhältnis von Innen und Außen, und eine Hinwendung zu seinem jungen Freund Husamuddin, ehe die Geschichte Daquqis wieder aufgenommen wird.

Im Gruß und Grüßen aller dieser Frommen
liegt aller der Propheten Lob beschlossen.
Die Lobesworte sind in eines verflossen,
die Krüge in *ein* Becken ausgegossen.
Er, der gepriesen wird, ist Einer nur,
Die Glaubenswege sind drum einer nur.
Durch Gottes Licht allein wirkt Lob und Preis,
geliehen ist's Gestalten und Personen.
Wie lobte man, wenn Ihn nicht, der's verdient?
Doch irren sich im Wahn ja die Gedanken,
dem Lichte gleich, das auf die Mauer fällt.
Die Mauer ist nur Bindung für die Lichter.
Doch geht zum Ursprung Schatten so wie Licht
– wer irrt, sieht nicht den Mond mehr,
preist ihn nicht.
Der Widerschein des Monds
zeigt sich im Brunnen,
man beugt sich hin, versucht, ihn draus zu holen.
In Wirklichkeit lobt er den Mond, wenn er
aus Torheit auch zum Spiegelbild sich wendet.

Er lobt den Mond, doch nicht den Widerschein –
Unglaube wird's, wenn man es falsch versteht.

Zwar weiß der Weise, daß sich das Göttliche in der Welt reflektiert, aber er darf sich nicht an den Widerschein halten, sondern muß zur Quelle zurückgehen, denn Liebe zu Idolen ist gefährlich.
Dann wirkt Daquqi als Vorbeter für die Lichtgestalten:

Daquqi trat nun zum Gebete vor,
wie Stickerei, und sie wie Seidenflor.
Die Könige vom Seelen-Fürstentum,
sie knieten hinter dem Imam voll Ruhm.
Als sie im Rufe: «Gott ist groß!» sich fanden,
wie Opfer sie von dieser Welt verschwanden.
Der Sinn von «Gott ist groß» ist: «Wir sind hier
und werden ganz zum Opfer, Gott, vor Dir.»
Man spricht dies Wort,
wenn man ein Opfer schlachtet,
ihr sprecht es nun, da ihr euch selber brachtet.
Die Seele – Abraham – spricht: «Gott ist groß!»
dem Leibe – Ismail – als Opferlos.
Den Leib hat Lust getötet – er vergeht
«Im Namen Gottes»: Opfer im Gebet.
Wie beim Gericht stehn sie vor Gott in Reihn;
in Prüfung treten sie und Zwiesprach ein.
Voll Tränen sind sie – wie am Jüngsten Tag
die fromme Schar vor Gott wohl stehen mag!

Es folgt eine längere Reihe von Versen über das Jüngste Gericht und damit zusammenhängende Probleme, und als das Gebet vollendet ist, vollziehen die Betenden, wie vorgeschrieben, den Friedensgruß nach rechts und nach links:

Verzagt an allem heben wir die Hände:
‹Du bist der Erste, Letzte, Du das Ende!›
Sieh diese schönen Zeichen im Gebet,
Damit du weißt, daß dies gewiß entsteht!
Das Kücken brüt' aus Pflichtgebetes Ei
und pick nicht unbescheiden mit Geschrei!

Daquqi vernimmt nun die Hilferufe der auf einem Schiff gestrandeten Sünder und beginnt, bewegt von seiner Menschenliebe, auch für sie zu beten:

Er sprach: «O Herr, sieh nicht auf ihre Tat,
  Nimm ihre Hand Du, wunderbar an Rat!
Bring sie gesund und heil zurück zum Strand,
  Du, dessen Hand reicht über Meer und Land!
Ew'ger Erbarmer, o Du, voller Huld
  O sieh doch nicht auf dieser Bösen Schuld!
Der Du umsonst uns Aug' und Ohr gegeben,
  Und ohne Lohn verleihst Verstand und Leben
Und uns Unwürdige so reich beschenkst
  Und Irrtum, Sünde nur von uns empfängst –
O Mächtiger: den mächtigen Verbrechen,
  Die wir getan, kannst Du Vergebung sprechen!
Wir sind verbannt in Selbstsucht und in Gier,
  Und dies Gebet, das lernten wir von Dir!
Voll Dank, daß Du dies Wissen uns verkündet
  und hier im Finstern dieses Licht entzündet...»

Es kam von seinen Lippen das Gebet,
so wie wohl eine treue Mutter fleht;
aus seinen Augen quoll der Tränen Lauf,
ihm unbewußt stieg sein Gebet hinauf.
Solch ein Gebet ist von ihm selbst ganz fern:
Er betet nicht – es ist das Wort des Herrn!
Da er entward, spricht Gott selbst sein Gebet,
bei dem Gebet und auch Erfüllung steht.

Als er vom Gebet wieder zu sich kommt, bemerkt er, daß seine Licht-Freunde verschwunden sind, und die Geschichte endet mit einer Anspielung auf Sura 40:62, «Rufet Mich an, und Ich will antworten».

Gott hat – das merke, der du weltgebunden! –
Gebet mit ‹Antwort gebe Ich› verbunden.
Der, dessen Herz von Erdenunrast rein –
zum Herrn der Macht geht sein Gebet hinein.

Anbetung Gottes

Typisch für Maulanas Erzählweise ist die folgende Szene: mitten in der Geschichte von dem heimtückischen Wezir, der sich als frommer Asket ausgibt, um die Christen gegeneinander aufzustacheln, flicht der Dichter die Klage der Anhänger des falschen Meisters ein, die verzweifelt sind, daß er sich ganz zurückziehen will. Ihre Beschreibung des bewunderten «Seelenführers» aber verwandelt sich in ein tiefgefühltes Gebet, wie es die Menschen an ihren Schöpfer und Erhalter richten.

Wir sind wie Harfen, Du bist, sie zu schlagen:
Das Klagen: nicht von uns – von Dir dies Klagen!
Wir sind wie Flöten – unser Sang von Dir,
wir sind wie Berge – Echoklang: von Dir.
Wie Schachfiguren, hin- und hergeschoben,
Sieg und Schachmatt – von Dir ist's, den wir loben.
Wer sind wir denn? Du bist der Seele Seele –
So lang' wir leben, ist's durch Deine Seele!
Wir sind nur Nicht-Sein – unser ganzes Sein
bist Du, o Herr, das Absolute Sein.
Wir sind ja Löwen, aber auf dem Banner,
die jeden Augenblick vom Wind sich regen.
Man sieht ihr Flattern, sieht doch nicht den Wind –
Nie möge uns das Unsichtbare mangeln!
Denn unser Wind und Sein ist Dein Geschenk,
und unser Dasein ist von Dir geschaffen.
Dem Nichtsein zeigst die Süße Du des Seins
und ließt das Nichtsein sich in Dich verlieben.
Nimm nicht zurück die Süße Deiner Gabe!
Nimm nicht zurück den Wein, das Glas, die Labe!

Und nähmst du sie – wer könnte Dich befragen?
Kann Streit das Bild mit seinem Maler wagen?
Blick nicht auf uns, o schaue uns nicht an,
sieh Deine eig'ne Huld und Großmut an!
Wir waren nicht und hatten kein Begehren,
doch Deine Huld konnt' Ungesproch'nes hören –
Das Bild ist vor dem Maler und der Feder
unfähig wie ein Kind im Mutterleibe,
und vor der Gottesmacht sind alle Wesen
so hilflos wie ein Stoffstück vor der Nadel.
Bald formt Er einen Dämon, bald auch Menschen,
bald ist Sein Bild voll Freude, bald voll Kummer,
und keine Hand bewegt in Abwehr sich,
und keine Rede spricht von Nutz und Schaden.
Und schießen einen Pfeil wir, tun nicht *wir* es –
Wir sind der Bogen – Gott ist es, der wirkt!

مثنوی معنوی

DIE GÄRTEN UND DIE FRÜCHTE SIND IM HERZEN

Meditationen über Gottes Größe

Der kontemplierende Sufi

Diese Geschichte wurde zuerst über die große irakische Mystikerin Rabi'a von Basra erzählt, die 801 starb. Sie wird hier generell angewandt, denn der ganz in Gott Versunkene weiß, daß alles in der äußeren Welt nur ein Abglanz der göttlichen Herrlichkeit ist.

Zum Meditieren legt' im Hag ein Sufi,
wie es geziemt, den Kopf auf seine Knie,
und dann versank er tief in der Betrachtung.
Den Frechling störte, daß er scheinbar schlief:
«Was schläfst du? Sieh dir doch die Trauben an!
Blick auf die Bäume, auf das holde Grün,
Auf Gottes heil'ge Order: «Schaut!» hör du,
und wende dich den Garten-Zeichen zu!»

«Dummkopf!» sprach er.
«Das Herz sind Seine Zeichen –
das draußen sind die Spuren nur der Zeichen:

Die Gärten und das Grün sind in der Seele,
sind draußen reflektiert nur wie im Wasser.
Im Wasser ist nur das Phantom des Gartens,
das durch des Wassers Regung sich bewegt.
Die Gärten und die Früchte sind im Herzen –
auf Lehm und Wasser scheint ihr holdes Bild.
Wär's nicht ein Widerschein vom Herzensbaum –
Hätt' Gott die Welt genannt
denn «Täuschungstraum»?

Der Malerwettstreit

Eine ganz ähnliche Pointe wird in der Geschichte vom Wettstreit der chinesischen und griechischen Maler ausgedrückt, die bereits von al-Ghazali verwendet worden war und auch in Nizamis *Iskandarname* erscheint. Doch Rumi hat ihr die rechte Form gegeben; denn die Chinesen sind in der persischen Bildersprache die großen Maler, China ist das Land der Farben und Bilder. Die Griechen aber sind die Sufis, die sich nur mit der Reinigung ihres Innern befassen und dann die Farben der Welt in verschönertem Glanz in sich selbst finden, ohne äußere Formen. Das Polieren des Herzens, das durch das Gottgedenken geschieht, steht im Mittelpunkt der Sufi-Erziehung.

Es sprachen die Chinesen:
«Wir sind die besten Maler!»
Die Byzantiner sagten:
«Wir sind noch größre Meister!»
Der Sultan sprach: «Ich möchte
die Sache gerne prüfen,
wer von euch beiden wohl
der größte Künstler ist.»
Die Griechen und Chinesen,
sie disputierten nun,
die Griechen zogen sich
aus dem Disput zurück.
Es sagten die Chinesen:
«Gebt uns nun einen Raum,
für uns, und einen andern
für euch dann, ganz allein!»

Die beiden Räume waren
durch eine Tür getrennt,
der dort für die Chinesen,
der für die Griechen hier.
Und hunderte von Farben
erbaten die Chinesen – .
Der König ließ vom Schatzhaus
all diese Farben bringen,
und jeden Morgen kamen
vom Schatzhaus neue Farben,
die er als Rationen
an die Chinesen gab.
Die Griechen aber sagten:
«Nicht Farbe und nicht Lack –
die Sache wird sich regeln,
wenn man den Rost entfernt!»
Sie wirkten und polierten
und schafften Tag und Nacht.
Die Wände wurden glänzend
und rein und einfach klar.

Ein Weg führt von den Farben
zu Farbenlosigkeit:
Die Farbe gleicht der Wolke,
Farblosigkeit: ein Mond.
Was immer in den Wolken
an Farbe, Licht du siehst –
es kommt nur von der Sonne,
von Sternen und vom Mond.

Als die Chinesen-Maler
vollendet nun ihr Werk,
da schlugen sie die Trommel
vor Stolz und Freude laut.
Den Raum betrat der König
und sah die Bilder dort –
es raubte den Verstand ihm
die Schönheit, die er sah.
Dann ging zur andern Seite
er zu den Griechen hin –
da hob der eine Grieche –
den Trennungsvorhang auf.
Der Widerschein der Bilder,
der Werke voller Kunst
traf auf die reinen Wände
und glänzte leuchtend auf.
Was immer dort er schaute –
er sah es hier sogleich –
Ihm fielen fast die Augen
vor Staunen aus dem Kopf! –

Die Griechen sind die Sufis
– o wisse, Vater, das!
Ganz ohne Buch und Lernen,
ganz ohne Studium;
doch haben sie die Herzen,
die Brust poliert ganz rein
von Gier und Geiz und Selbstsucht,
von niedrem Haß und Zorn.

Der reine Spiegel ist ja,
ganz zweifellos das Herz
das ungezählte Bilder
in sich empfangen kann...
Die, welche es polieren,
sind frei von Farb' und Duft,
in jedem Augenblicke
erblicken Schönheit sie.
Sie ließen Bild und Hülle,
die äußre Wissenschaft,
so hißten sie die Fahnen
der «ganz gewissen Schau».

Woher kommt alle Schönheit?

Die ganze Natur ist ein Zeichen, das auf Gottes Schöpferkraft hindeutet.

Wär' nicht des Herzens Blitz, der Augen Regen –
Wie könnte sich Sein Zornesfeuer legen?
Wie wüchse auf des süßen Einsseins Gras?
Wie sprudelten die Quellen klar wie Glas?
Wie spräch die Rose heimlich mit dem Garten?
Wie eint' Jasmin dem Veilchen sich, dem zarten?
Wie öffnet' die Platane ihre Hand?
Wie hätt' ein Baum erhob'nen Hauptes Stand?
Wie könnten Knospen ihre Ärmel breiten
in weitem Schwingen in des Frühlings Zeiten?
Wie könnt' der Tulpe Wange blutig glühen,
Die Rose Gold aus ihrem Beutel ziehen?
Wie käm' die Nachtigall zur Rose Duft,
Die Taube dazu, daß sie «Wo, Wo?» ruft?
Wie zeigte ihr Geheimnis diese Erde,
so daß der Garten gleich dem Himmel werde?
Woher bekommen sie all diese Pracht?
Von Ihm, der gnädig ist voll Huld und Macht!

Die Wirkung der Gottesnamen

Die neunundneunzig Schönsten Namen Gottes, mit denen der Koran das göttliche Wesen umgibt, dienen Rumi, wie vor ihm dem großen mystisch-ethischen Denker al-Ghazzali, dazu, den Menschen zu ermahnen: denn wenn man sich ernstlich vorstellt, daß Gott all-sehend, all-hörend, all-gerecht, all-leitend ist, wird man sich bemühen, keinem der von ihm gegebenen Gesetze zuwiderzuhandeln.

Gott nannte «Sehend» sich aus diesem Grund:
Damit du weißt: Er sieht dich Stund um Stund.
Gott nannte «Hörend» sich aus diesem Grund,
daß du von übler Rede schließt den Mund.
Gott nannte «Wissend» sich aus diesem Grund,
daß du aus Furcht nichts Übles tust im Rund.

Der Mensch in Gottes Hand

Der Mensch, der sich Gott in Liebe ganz dahingegeben hat, nimmt dankbar jede Form an, die ihm der Schöpfer verleiht; er ist nur das Instrument in der Hand des Geliebten, die Feder in der Hand des Meisterkalligraphen.

Macht Er mich zum Becher, so werde ich Becher,
Macht Er mich zum Dolche, so werd' ich ein Dolch.
Macht Er mich zur Quelle, so gebe ich Wasser;
Macht Er mich zu Feuer, so schenke ich Glut.
Macht Er mich zum Regen, so bringe ich Ernte,
Macht Er mich zur Nadel, stech' ich in den Leib,
Macht Er mich zur Schlange, so spritze ich Gift aus,
Macht Er mich zum Freunde, so diene ich Ihm...

Beschreibung des wahren Sufis

Sufis sind Menschen, die immer aus dem einen göttlichen Geist leben.

Das Herz, in dem das Mondlicht sich erhebt –
es ist dem Wissenden der Pforte Öffner.
Für dich ist's eine Wand, für sie ein Tor,
für dich ein Stein, für sie ist's ein Juwel.
Was du im Spiegel sahst ganz klar und rein,
das sieht der Pir im Lehm schon und im Stein.
Ein Pir hat nichts in dieser Welt zu tun,
im Meer der Großmut Herz und Seele ruhn...
Sie sahn die Sphären eher als Saturn,
sie sahn das Brot schon eher als das Korn,
noch ohne Herz und Hirn, schon voll Gedanken,
ganz ohne Heer, und Sieger schon im Kampfe...

Denken ist auf Vergangenheit und Zukunft gerichtet, aber die unmittelbare Schau der Meister hat nichts mit Zeit zu tun.

Der Geist sah in der Traube schon den Wein,
der Geist sah Etwas schon im Noch-Nicht-Sein.
Ganz ohne Wie sah er Qualifiziertes,
eh Recht und Falsch sich noch qualifizierten.
Und eh die Trauben noch geschaffen waren,
trank er schon Wein und war bereits berauscht.
Im heißen Juli sehen sie den Winter,
im Sonnenstrahl sehn sie den kühlen Schatten.
Im Herz der Trauben sahen sie den Wein
und sahen im Entwerden wahres Sein.

Der Himmel trinkt vom Kreisen ihres Bechers,
die Sonne trägt Brokat durch ihre Güte,
und treffen sich zwei Freunde unter ihnen,
sind einer sie und sind doch sechzigtausend;
Denn ihre Anzahl ist wie die der Wellen,
die, windbewegt, zu einzelnen erquellen.
Getrennt wird dann die Sonne ihrer Seele,
wenn sie durchs Fenster ihrer Körper scheint!
Siehst du den Sonnenball, ist's einer nur –
doch wer die Leiber sieht, wird wohl verwirrt.

مثنوی معنوی

ICH BIN DAS FEUER

Das Mysterium der Vereinigung

Der Tod des Liebenden

Die Geschichte ist eine Anspielung auf den klassischen Sufi-Ausspruch, der vor allem mit Dschunaid verbunden wird: «Deine Existenz ist eine Sünde, der keine andere vergleichbar ist.»

Der Liebsten hob der Freund zu zählen an,
    wie er gedient hat und was er getan:
«Sieh, dies und das tat alles ich für dich,
    mich traf im Kampfe Pfeil und Lanzenstich,
Es ging mein Geld, die Stärke und mein Ruf:
    viel Ungemach mir deine Liebe schuf.
Kein Morgen traf beim Lachen mich noch Schlaf,
    kein Abend, der mich reich und kräftig traf.»
Was er erlitt an Bitterkeit und Leid,
    erzählt' er einzeln ihr und lang und breit;
Nicht um zu klagen! – Bringen wollt' in Klarheit
    er hundert Zeugen für der Liebe Wahrheit.
Verständigen genügt ein einzig Zeichen –
    Wie könnt' der Durst der Liebenden entweichen?

Er wiederholt dies Wort ohn' Überdruß –
Genügt dem Fisch ein Zeichen wohl vom Fluß?
Ihm brennt die Glut – er weiß nicht wie –
im Herzen:
Von ihrer Hitze weint er so wie Kerzen.
Die Liebste sprach: «Das hast du zwar getan:
tu jetzt dein Ohr auf, höre mich gut an:
Du kamst nicht bis zum Wurzelgrund der Liebe;
das, was du tatest, sind nur Seitentriebe!»
Der Freund sprach: «Tu mir diese Wurzel kund!»
«Zu sterben, *nicht* zu sein, das ist der Grund!
Du tatest dies, doch starbst nicht, bist am Leben –
so stirb denn, willst du dich zum Opfer geben!»
Er sank und gab die Seele auf sogleich,
beglückt und lächelnd, einer Rose gleich.

Das Eisen in der Glut

Die Gestalt des Mystikers Al-Halladsch (922 in Bagdad hingerichtet) hat die islamische Literatur durch die Jahrhunderte beschäftigt, und sein Ausspruch *Ana 'l-Haqq*, «Ich bin die Absolute Wahrheit», d.h. «Ich bin Gott», ist immer aufs neue interpretiert worden. Rumi benutzt das alte religiöse Symbol vom Eisen im Feuer, das, obgleich es Eisen bleibt, doch völlig durchglüht ist, um das Geheimnis Halladschs anzudeuten. Auch der Vergleich der Vergottung mit dem Untertauchen in dem Färbefaß Gottes (vgl. Sura 2:138), in dem alle Farben verschwinden und zur Einfarbigkeit werden, wird häufig verwendet.

Die Taufe Gottes ist das Farbfaß Er –
In ihm gibt *eine* Farbe es nur mehr.
Wer in dies Faß fiel – sprich «Erhebe dich!»
Der ruft voll Freude: «Laß, das Faß bin ich!»
‹Ich bin das Faß› heißt ‹Ich bin Gott› zu sagen,
Das Eisen wird des Feuers Farbe tragen.
In Feuerfarbe stirbt des Eisens Farb',
Vom Feuer spricht es, bis sein Wort erstarb.
Ist es von Röte gleichwie Gold durchdrungen.
‹Ich bin das Feuer›, ruft es ohne Zungen;
Von Feuers Art und Farbe, hochgemut
So spricht es «Ich bin Feuer, ich bin Glut.
Ja, ich bin Feuer! Zweifelst du daran,
Versuche es und rühre mich nur an.
Ja, ich bin Feuer – glaubst du es mir nicht,
Leg dein Gesicht einmal auf mein Gesicht!»

Als Adam Licht erhielt von Gottes Schein,
da beugten sich vor ihm die Engelreihn.
Was Glut, was Eisen! Schließ die Lippen zu!
Lach nicht wie einer, der vergleicht, o du!

Der Elefant im dunklen Haus

Diese Parabel wurde zuerst von Sana'i von Ghazna (gest.1131) in seiner *Hadiqat al-haqiqat*, dem «Garten der Wahrheit», aus indischen Quellen nacherzählt (deutsche Übersetzung in: A. Schimmel, *Gärten der Erkenntnis*, S. 97); sie zeigt, wie menschliches beschränktes Wissen niemals die Fülle des göttlichen Wesens «erfassen» (im wahrsten Sinne des Wortes) kann, und so muß jede menschliche Aussage über Gott Stückwerk bleiben.

Im finstern Hause war der Elefant,
wo von den Indern ausgestellt er stand.
Und viele Leute kamen, ihn zu sehen –
sie alle mußten in das Dunkel gehen.
Da sie ihn in der Dunkelheit nicht sahen,
berührten sie ihn nur mit ihren Händen.
Der, dessen Hand an seinen Rüssel rührte,
sprach: «Wie 'ne Regenrinne ist der wohl!»
Der, dessen Hand an seine Ohren traf,
rief: «Wie ein Fächer sieht das Wesen aus!»
Der, dessen Hand berührte nur sein Bein,
sprach: «Wie ein Pfeiler wird das Tier wohl sein.»
Der, dessen Hand den Rücken rührte schon,
sprach: «Sicherlich, er ist gleichwie ein Thron.»
So kam ein jeder nur zu *einem* Teil
und er verstand nur dies, und nicht das Ganze,
denn je nach dem Gesichtspunkt war verschieden
wie A und Z, was sie zu sehen glaubten.
Doch hielte jeder einer Kerze Licht,
so gäbe es die Unterschiede nicht!

Der Liebende, der «Ich» sagte

Die wohl berühmteste Geschichte des *Mathnawi* zeigt, daß der Mensch vor dem göttlichen Geliebten völlig entwerden muß; das Haus des Herzens kann nicht zwei Ich in sich enthalten; wenn der göttliche Gast kommt, bleibt kein zweiter übrig. Obgleich die Geschichte gewissermaßen die Rollen umkehrt und den Sucher in den Mittelpunkt stellt, ist es doch das Glciche, was der Mensch dem *dulcis hospis animae* gegenüber erlebt: absolute Entleerung, Auslöschung jedes Eigenwillens und Eigen-Seins.

Es klopfte einer an des Freundes Tor.
«Wer bist du» – sprach der Freund –
«der steht davor?»
Er sagte «Ich!» Sprach der: «So heb dich fort –
an diesem Tisch ist nicht der Rohen Ort!
Den Rohen kocht das Feuer ‹Trennungsleid› –
Das ist's, was ihn von Heuchelei befreit!»
Der Arme ging auf Reisen für ein Jahr,
in Trennungsfunken brannt' er ganz und gar.
Reif kam dann der Verbrannte von der Reise,
daß wieder er des Freundes Haus umkreise.
Er klopft' ans Tor mit hunderterlei Acht,
daß ihm entschlüpf' kein Wörtlein unbedacht.
Es rief der Freund: «Wer steht dort vor dem Tor?»
Er sagte: «Du, Geliebter, stehst davor!»
«Nun, da du ich bist, komm, o Ich, herein –
Zwei Ich schließt dieses enge Haus nicht ein!»

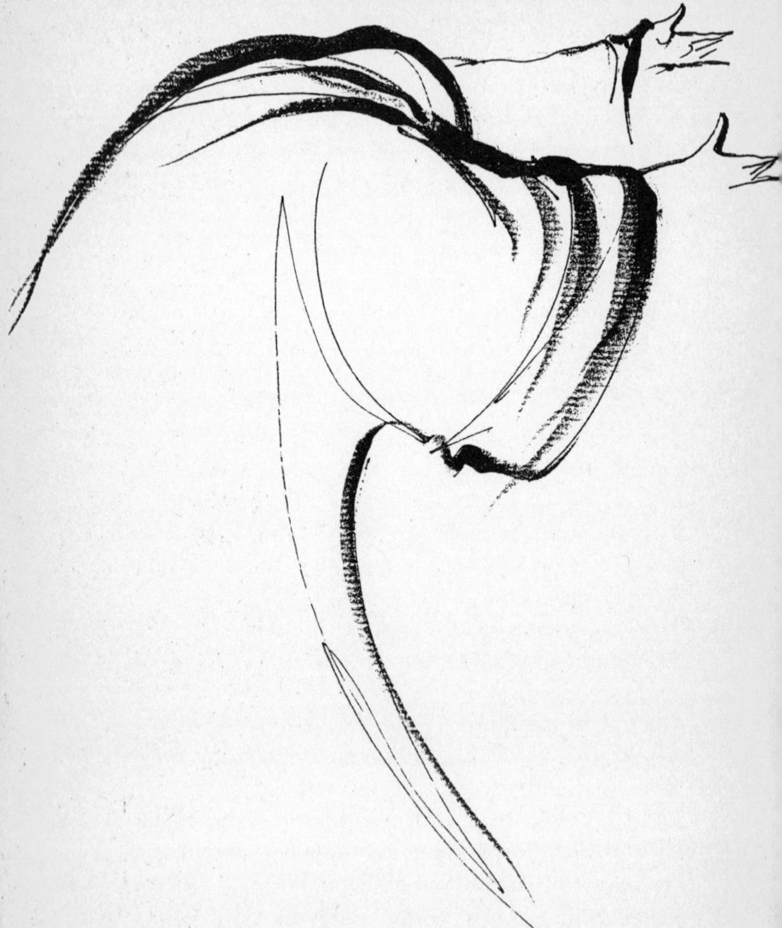

Sulaikas Liebeslied

Für den Liebenden weist alles auf den Geliebten hin: jeder Name, den man ausspricht, ist ein Hinweis auf Sein Wesen.

Sulaika, sieh, gab allem – von der Raute
bis hin zur Aloe – den Namen «Yusuf».
In allen Namen barg sie seinen Namen –
Nur den Vertrauten tat sie dieses kund.
Und wenn sie sprach:
«Das Wachs ward weich vom Feuer»,
so meinte sie:
«Der Freund war lieb zu mir.»
Und wenn sie sprach:
«Schaut, wie der Mond dort aufgeht!»
Und wenn sie sprach:
«Grün ward der Weidenzweig.»
Und wenn sie sprach:
«Wie doch die Blätter zittern!»
Und wenn sie sprach:
«Wie schön die Raute brennt!»
Und wenn sie sprach:
«Mit Rosen sprach der Sprosser!»
Und wenn sie sprach:
«Der Fürst enthüllt Geheimes.»
Und wenn sie sprach:
«Das Glück, wie herrlich strahlt es!»
Und wenn sie sprach:
«Klopft mir den Teppich aus!»
Und wenn sie sprach:
«Der Träger brachte Wasser.»

Und wenn sie sprach:
«Die Sonne, seht, ging auf!»
Und wenn sie sprach:
«Sie kochten gestern Speise»,
Und wenn sie sprach:
«Gemüse ist jetzt gar!»
Und wenn sie sprach:
«Es fehlt dem Brot am Salze!»
Und wenn sie sprach:
«Der Himmel läuft verkehrt!»
Und wenn sie sprach:
«Mir tut der Kopf so weh jetzt!»
Und wenn sie sprach:
«Mein Kopfweh ist vorbei» –
Wenn sie es lobte, hieß es
«Sein Umfangen»,
und wenn sie tadelte, hieß «Trennung» es;
Und wenn sie hundertausend Namen häufte –
sie meinte Yusuf, wollte Yusuf nur.
War hungrig sie und sagte seinen Namen,
so ward sie satt, berauscht von seinem Becher,
Pelzmantel war er ihr zur Zeit der Kälte –
das tut des Freundes Name in der Liebe!

Einige Erklärungen

28 Das *Astrolab* zeigt die Positionen von Sonne und Sternen und wurde im Mittelalter zur Navigation verwendet.

29 «Mondes Spaltung», Sura 54:1 sagt: «Es nahte die Stunde, und der Mond ward gespalten», was so interpretiert wird, daß der Propet mit seinem Finger auf den Mond deutet, der sich spaltete, um die ungläubigen Mekkaner von der Wahrheit des Propheten-Wortes zu überzeugen.

Duft von Yusufs Hemd: nach Sura 12:94–96 wurde Yusufs Vater Jakob, der vom vielen Weinen um seinen verlorenen Sohn erblindet war, durch den Duft des Hemdes seines Sohnes geheilt.

55 «Gutes von Gott denken» soll der Mensch, denn Gott zeigt sich so, wie der Mensch hofft (oder fürchtet).

69 «Nicht gezeugt...»: Sura 112.

«Am verhaßtesten unter den erlaubten Dingen ist mir die Scheidung», sagt ein außerkoranisches Gotteswort.

70 *Inder*, Hindu: Bewohner Nord-Indiens; *Sindis*, Bewohner des Industales (heutiges Pakistan). Hindi und Sindi sind zwei indo-germanische Sprachen, die ziemlich verschieden sind.

Märtyrer werden, anders als normale Sterbliche, vor der Bestattung nicht gewaschen, sondern mit ihrem Blut begraben.

78 *Ad* und und *Thamud*: zwei im Koran mehrfach erwähnte ungläubige Völkerschaften, die den zu ihnen gesandten Propheten nicht folgen und durch eisigen Wind vernichtet werden.

Korah (Qarun) sank unter der Last seines Reichtums in die Erde.

79 Yusufs Dufthauch: wiederum eine Anspielung auf sein duftendes, heilkräftiges Hemd.
Vogelsprache: Salomo war der Vogelsprache kundig.

80 Kein Gott als Er: das Glaubensbekenntnis.

81 Ruf der Ameisen: Salomo verstand (Sura 27:18) die Sprache der Ameisen und war rücksichtsvoll zu ihnen.
Ifrit: ein besonders starker Dämon.

84 Yusuf ist der Inbegriff aller Schönheit, und der Geliebte *par exellence*; so kann man ihm nichts als ein Spiegel schenken – so wie man Gott nur ein völlig gereinigtes Herz schenken kann.

85 *Rabwa*: ein Ausflugsort in den Bergen nahe Damaskus.

105 «Die Welt ist wie der Traum eines Schläfers»: dem Propheten Muhammad zugeschriebener Ausspruch.

110 *Chidr*, *Chizer*: Geheimnisvoller Heiliger, Begleiter des Moses, Beschützer der Wanderer, eilt den Verzweifelnden zur Hilfe. Unsterblich, da er vom Lebenswasser getrunken hat.

112 *Kibla*: die Gebetsrichtung, für den Muslim die Richtung nach Mekka. Aber im weiteren Sinne alles, wohin sich der Mensch wendet.

119 *Imam*: Vorbeter.

122 *Sidra*: der Lotosbaum der fernsten Grenze, der am äußersten Ende des geschaffenen Universums steht.

125 «Es neigen sich Stern und Baum»: Sura 55:6.

129 Die Formel «Gott ist groß», Allahu akbar, wird sowohl zu Beginn des Ritualgebetes als auch bei der Schlachtung des Opfertieres gesprochen.

135 «Wir sind der Bogen»: Anspielung auf Sura 8:17, wo Gott den Propheten anredet: «Nicht du warfest, als du warfest...». Der Mensch ist nur ein Instrument in Gottes Hand.

139 *Rabi'a* von Basra (gest. 801) war die erste große Mystikerin des Islam; ihr wird die Lehre von der reinen Gottesliebe zugeschrieben: man soll Gott nicht aus Furcht vor der Hölle oder aus Hoffnung auf das Paradies anbeten, sondern nur um seiner Schönheit willen.

150 *Pir*: geistiger Führer, mystischer Meister.

Bibliographische Hinweise

Arberry, Arthur J.: *Tales from the Mathnawi*, London, Allen & Unwin 1961.

ders.: *More Tales from the Mathnawi,* London, Allen & Unwin 1968.

Chittick, William C.: *The Sufi Path of Love,* Albany, SUNY Press 1983.

Meier, Fritz: *Baha-i Walad,* Leiden, Brill 1989.

Nicholson, Reynold A.: *Tales of mystic meaning.* London 1931

ders.: *Rumi, Poet and Mystic,* London, Allen & Unwin 1950.

Ritter, Hellmut: «Maulana Galaluddin Rumi und sein Kreis», Philologika XI, in *Der Islam* 26 (1942) 116–158, 221–249.

Rosen, Georg: *Mesnevi oder Doppelverse des Scheich Mevlana Dschelaladdin Rumi*, 1849, hrsg. von Friedrich Rosen, München 1913.

Schimmel, Annemarie: *The Triumphal Sun. A Study of the Life and Works of Jalaloddin Rumi,* 1978, 2nd ed. SUNY Press, Albany 1993.

dies.: *Ich bin Wind, und du bist Feuer,* Köln, Diederichs 1979 und oft.

dies.: *Mystische Dimensionen des Islam,* Köln/München, Diederichs 1987.

dies.: (Hrsg.): *Joseph von Hammer-Purgstall, Zwei Abhandlungen zur Mystik und Magie des Islam,* darin «Bericht über den zu Kairo im Jahre d.H. 1251 (1835) in sechs Foliobänden erschienenen türkischen Commentar der Mesnewi Dschelaleddin Rumis».

dies.: (Übers.): *Rumi, Von allem und vom Einen,* München, Diederichs 1988.